SELEÇÃO BRASILEIRA
DE GASTRONOMIA

22 CHEFS
22 INGREDIENTES
22 RECEITAS

DIRETOR EDITORIAL: Jefferson L. Alves
DIRETOR DE MARKETING: Richard A. Alves
GERENTE DE PRODUÇÃO: Flávio Samuel

Editora Gaia Ltda.
(pertence ao grupo Global Editora e Distribuidora Ltda.)
Rua Pirapitingui, 111-A - Liberdade | CEP: 01508-020 |
São Paulo | SP | Brasil | Tel. (11) 3277-7999 |
www.editoragaia.com.br - gaia@editoragaia.com.br
Nº de Catálogo: 3734

CIP-BRASIL. CATALOGAÇÃO NA PUBLICAÇÃO
SINDICATO NACIONAL DOS EDITORES DE LIVROS, RJ

F787s

Forbes, Alexandra

Seleção brasileira de gastronomia : 22 chefs, 22 receitas / Alexandra Forbes. - 1. ed. - São Paulo : Gaia:Editora Boccato, 2014.

ISBN 978-85-7555-436-4

1. Culinária. I. Título.

14-12587   CDD: 641.5
                                CDU: 641.5

EDIÇÃO: André Boccato
TEXTO E CURADORIA: Alexandra Forbes
COORDENAÇÃO ADMINISTRATIVA: Maria Aparecida C. Ramos
COORDENAÇÃO EDITORIAL: Rodrigo Costa
ASSISTENTE EDITORIAL: Verônica Honorato de Souza
COORDENAÇÃO DE PRODUÇÃO: Arturo Kleque Gomes Neto
REVISÃO ORTOGRÁFICA: Jussara Goyano – Ponto A.
FOTOS DOS INGREDIENTES: André Boccato e Cristiano Lopes
PRODUÇÃO FOTOGRÁFICA: Bruna Fernanda Leite – Airton G. Pacheco

FOTOS DOS CHEFS E DAS RECEITAS: **Alex Atala**, foto retrato na página 14 por Rubens Kato, foto da receita na página 16/17 por Sergio Coimbra. **Edinho Angel**, foto retrato na página 24 por Romulo Fialdini, foto da receita na página 26/27 por Romulo Fialdini. **Jefferson Rueda**, foto retrato na página 34 por Mauro Holanda, foto da receita na página 36/37 por Mauro Holanda. **Carla Pernambuco**, foto retrato na página 44 por Paula Carrubba, foto retrato na página 47 por Paula Carrubba, foto da receita na página 48 por Fernando Pernambuco. **Mônica Rangel**, foto retrato na página 54 por Ligia Skowronski, foto da receita na página 56/57 por Cristiano Lopes. **Celso Freire**, foto retrato na página 64 por Aline Moreno, foto da receita na página 66/67 por Rogério Nickel. **Mara Salles**, foto retrato na página 74 por Iara Venanzi, foto da receita na página 76/77 por Marcos Issa. **Felipe Rameh**, foto retrato na página 84 por Marcos Leão, foto da receita na página 86/87 por Marcos Leão. **Thiago Castanho**, foto retrato na página 94 por Taiana Lauin, foto da receita na página 96/97 por Sergio Coimbra. **Tereza Paim**, foto retrato na página 104 por Saulo Brandão, foto da receita na página 106/107 por Helena Gama de Almeida. **Alberto Landgraf**, foto retrato na página 114 por Cláudio Belli, foto da receita na página 116/117 por Rafael Fecundo e Pedro Santos. **Ana Luiza Trajano**, foto retrato na página 124 por Alexandre Schneider, foto da receita na página 126/127 por Alexandre Schneider. **Beto Pimentel**, foto retrato na página 134 é por André Frutuôso, foto retrato na página 137 por André Frutuôso, foto da receita na página 138 por Francisco Sales. **Helena Rizzo**, foto retrato na página 144 por Fernando Mazza, foto da receita na página 146/147 por Fernando Mazza. **Morena Leite**, foto retrato na página 154 por Cristiano Lopes, foto da receita na página 156/157 por Cristiano Lopes. **Roberta Sudbrack**, foto retrato na página 164 por Léo Aversa, foto retrato na página 167 por Renato Neto, foto da receita na página 168 por Nana Moraes. **Thomas Troisgros**, foto retrato na página 174 por Alexander Landau, foto da receita na página 176/177 por Tomas Rangel. **Heloísa Bacellar**, foto retrato na página 184 por Romulo Fialdini, foto da receita na página 186/187 por Romulo Fialdini. **Ivo Faria**, foto retrato na página 194 é imagem de divulgação cedida pelo chef, foto da receita na página 196/197 por Gladstone Mendes Campos. **Rodrigo Oliveira**, foto retrato na página 204 por Ricardo D'angelo, foto da receita na página 206/207 por Ricardo D'angelo. **Felipe Bronze**, foto retrato na página 214 por Tomás Rangel, foto retrato na página 217 por Tomás Rangel, foto da receita na página 219 por Tomás Rangel. **Wanderson Medeiros**, foto retrato na página 224 é imagem de divulgação cedida pelo chef, foto da receita na página 226/227 por Luiz Horácio.

DIREÇÃO DE ARTE: Estudio Vintenove / Dushka Tanaka e Carlo Walhof
TRATAMENTO DE IMAGEM: Arturo Kleque Gomes Neto
CONCEPÇÃO DA IDEIA ORIGINAL DESTE LIVRO: Chef Morena Leite

AGRADECIMENTO:

© Editora Boccato (Gourmet Brasil) / CookLovers
Rua Italianos, 845 • Bom Retiro • CEP: 01131-000 • São Paulo • SP tel.: (11) 3846-5141 • (11) 3846-5141
www.boccato.com.br / www.cooklovers.com.br

SELEÇÃO BRASILEIRA
DE GASTRONOMIA

22 CHEFS
22 INGREDIENTES
22 RECEITAS

por Alexandra Forbes

ALEXANDRA FORBES

A jornalista Alexandra Forbes assina colunas de gastronomia no jornal *Folha de São Paulo* e na revista *Wish Report* e escreve para reputadas revistas especializadas como *Gourmet Traveller* (Austrália), *FOOL* (Suécia) e *Food + Wine* e *Lucky Peach* (E.U.A.). Ex editora-sênior da revista *VIP* e ex-editora de gastronomia da revista *GQ Brasil*, hoje ela divide seu tempo entre Montreal e São Paulo e viaja pelo mundo testando restaurantes e hoteis. Colabora também para *CASA VOGUE*, *Bazaar Brasil* e para o portal português *Mesa Marcada*. Este é seu terceiro livro, depois de *Isabella Suplicy: Arte em Açúcar* (DBA) e *Jantares de Mesa e Cama* (Nobel).

issão gostosa, mas ao mesmo tempo ingrata, de certa forma, essa de fazer o papel da "técnica" encarregada de escalar a "seleção brasileira de gastronomia". Como qualquer lista, por definição, esta tinha de ser exclusiva, deixando de fora talentos admiráveis. Mas a tarefa era nobre – escolher 22 "jogadores" que melhor nos representassem perante o mundo e times adversários. Este livro está longe de ser um ranking. É, sim, o retrato de um dream team de deixar orgulhoso qualquer patriota.

Não há como negar que é em São Paulo que a gastronomia pulsa mais forte, onde está a maior concentração de potências – suficientes, inclusive, para formar uma bela esquadra por si sós. Mas se estamos falando de Brasil, não havia como focar nessa capital gastronômica. O leque tinha que se abrir, e escalei chefs que, em seus respectivos quintais, estivessem à frente da esquadra, audazes e destemidos. Quis, nesta seleção, ter vários "Brasis" bem representados, da alegre baianidade de Morena Leite e Tereza Paim à mineirice afiada e contemporânea de Felipe Rameh; da caipirice italiana de Jeffinho Rueda ao nordeste renovado do carismático Wanderson Medeiros.

Dez anos atrás, este livro não poderia ter existido, porque apenas engatinhávamos e mal se falava de gastronomia fora do eixo Rio-São Paulo. Hoje, graças em boa parte aos 22 chefs desta promissora seleção, a gastronomia brasileira tem força, prestígio e alcance internacional. O brasileiro começa a apreciar realmente o que é seu. Pouco a pouco, esses jogadores platinados disseminam seu evangelho e, pelo Brasil afora, vamos começando a entender que há imensa riqueza em nossas cozinhas regionais, não só quando servidas à moda antiga, mas também em releituras contemporâneas e refinadas.

Me dá gosto poder contar, nessas páginas, um pouquinho da trajetória de cada um desses incansáveis defensores e promotores da gastronomia brasileira. Cada qual a seu modo, em seu canto – mas um por todos e todos por um. Mais do que incentivar o leitor a ir para a cozinha replicar uma das 22 receitas aqui incluídas, meu desejo maior é que este livro encha os olhos e inflame o patriotismo em cada um de nós. Não somos só futebol.

ESCALAÇÃO

1. Alex Atala • Pirarucu — 10
2. Edinho Engel • Banana — 20
3. Jefferson Rueda • Leitão — 30
4. Carla Pernambuco • Café — 40
5. Mônica Rangel • Maracujá — 50
6. Celso Freire • Erva-mate — 60
7. Mara Salles • Pimenta-de-cheiro — 70
8. Felipe Rameh • Mandioquinha — 80
9. Thiago Castanho • Farinha de mandioca — 90
10. Tereza Paim • Cacau — 100
11. Alberto Landgraf • Castanha-do-pará — 110

12 Ana Luiza Trajano • Queijo da Serra da Canastra	**120**
13 Beto Pimentel • Caju	**130**
14 Helena Rizzo • Tucupi	**140**
15 Morena Leite • Cupuaçu	**150**
16 Roberta Sudbrack • Quiabo	**160**
17 Thomas Troisgros • Palmito pupunha	**170**
18 Heloísa Bacellar • Carne-seca	**180**
19 Ivo Faria • Cachaça	**190**
20 Rodrigo Oliveira • Tapioca	**200**
21 Felipe Bronze • Feijão preto	**210**
22 Wanderson Medeiros • Coco	**220**

PIRARUCU

Acará, acará-açu, aramaçá, curimatã, jaraqui, jandiá, piraíba, pirarara... No vasto (e infelizmente pouco conhecido) universo dos peixes de rios amazônicos, muitos de nome indígena, o pirarucu reina soberano. Pode chegar a medir três metros e pesar mais de 200 quilos – maior que uma criança!

Mas não é só seu tamanho que lhe faz tão importante no Norte. Dele, paraenses e amazonenses aproveitam quase tudo. A língua rija e áspera serve de lixa, as enormes escamas, depois de secas, podem fazer as vezes de colherinha, ou virarem brincos ou colares. A carne, alva, se desfaz em largas lascas, como o bacalhau. Como ele, sua carne é salgada e seca em grandes mantas, daí ser chamado, às vezes, de "bacalhau brasileiro". A carne fresca, muito nutritiva, presta-se a todo tipo de preparo: grelhada, moqueada, defumada, refogada, frita, etc. O modo de preparo mais famoso é o pirarucu de casaca, em que o peixe seco, depois de demolhado e desfiado, é refogado e posto em travessa funda sobre leito de farinha e coberto de batata palha e tiras grossas e fritas de banana.

Quem vê as mantas salgadas de pirarucu em altas pilhas no Ver-o-Peso (principal mercado de peixes amazônicos), em Belém, pode pensar que jamais faltará carne tão abundante. Engano: o pirarucu pode ser capturado com relativa facilidade, e faltam controles para protegê-lo na época da desova, o que fez com que os estoques naturais despencassem. Hoje, felizmente, há fazendas fluviais onde se criam pirarucus em seu habitat natural para exportação não só para outros estados como para o exterior.

Estranha-se que tão majestoso peixe ainda seja tão raro nas boas mesas do Rio e de São Paulo: o alto preço do transporte por avião certamente não ajuda. Um dos primeiros chefs a colocá-lo no menu foi Alex Atala, grande incentivador do uso dos ingredientes amazônicos. Em Belém, os irmãos Thiago e Felipe Castanho não apenas oferecem o pirarucu em seu restaurante Remanso do Peixe, como mantêm estreitas relações com os melhores produtores e estudam novas maneiras de servi-lo. O grosso couro do peixe, por exemplo, nas mãos deles vira delicioso "torresmo". ■

ALEX ATALA

oje quase tão famoso quanto Neymar ou a presidente da república, eleito em 2013 um dos homens mais influentes do mundo pela revista Time, Alex Atala já teve sua história contada em mil e um perfis publicados na imprensa nacional e pelo mundo afora. Recapitulando: o jovem punk, DJ do bar Rose Bombom nos anos 80, resolveu ir para a Europa e aos 19 anos acabou matriculando-se num curso de cozinha na Bélgica quase por acaso, para conseguir um visto. Pintou paredes, passou curtos períodos em diferentes restaurantes europeus e em 1994 voltou para sua São Paulo natal. Trabalhou em lugares da moda – 72 e Filomena – até conseguir abrir seu primeiro negócio próprio, o (hoje extinto) Namesa. Pouco depois veio o D.O.M., restaurante que foi evoluindo consistentemente até ser coroado o 7º melhor do mundo no prestigioso ranking The World's 50 Best Restaurants, entre dezenas de outros prêmios.

O D.O.M., mais do que um restaurante, tornou-se verdadeira embaixada brasileira. Parada obrigatória para todo jornalista ou gourmet estrangeiro,

Pirarucu com ratatouille do sertão

seu menu degustação leva o cliente em um passeio (sofisticadíssimo em sua simplicidade) pelas regiões do Brasil. Cada um que sai de lá maravilhado conta para dez, e assim se alastra mundo afora a imagem de uma cozinha brasileira engajada, profunda e moderna – coisa que jamais aconteceu antes de o D.O.M. existir. Depois vieram outros projetos que fortificaram seu nome e sua causa. Em 2009, abriu o Dalva e Dito, onde serve o que chama de "cozinha afetiva": pratos brasileiros em muitos casos ligados ao que comia na juventude, ou o trivial com um toque mais caprichado. Lançou a linha de produtos Retratos do Gosto, que ajuda pequenos produtores de ingredientes de qualidade a entrarem no mercado. Em 2012, passou a vender esses mesmos produtos, além de pães, geleias, cachaças e conservas, no Mercadinho Dalva e Dito, ao lado do restaurante homônimo.

Hoje se preocupa com questões maiores, que vão além do ato de fazer comida, como o elo entre a natureza e a cultura, por exemplo. Fundou com colaboradores o Instituto Atá, cujo objetivo, entre outros, é pesquisar e proteger a fauna e a flora brasileiras, e o próprio brasileiro que extrai da natureza seu sustento. É autor de quatro livros, o último dos quais, D.O.M.: Redescobrindo Ingredientes Brasileiros, foi publicado também em inglês e vendido no mundo todo, pela prestigiosa editora Phaidon. Alex gosta de dizer: "acredito no sonho da cozinha brasileira". Graças, em boa parte a ele, já deixou de ser sonho e está aí para ficar.

> "ACREDITO NO SONHO DA COZINHA BRASILEIRA", DIZ ATALA. HOJE, JÁ DEIXOU DE SER SONHO"

RECEITA

Pirarucu com ratatouille do sertão

INGREDIENTES

800 g de pirarucu limpo
Ratatouille: 300 g de mandioquinha, 300 g de abóbora de pescoço, 300 g de chuchu, 300 g de maxixe, 300 g de batata-doce roxa, 300 g de quiabo, 300 g de palmito pupunha, 300 g de banana da terra, 300 g de cebola, 100 ml de manteiga de garrafa, sal a gosto, 5 g de manjericão, 5 g de coentro, 10 g de pimenta de cheiro, vinagrete de castanha-do-pará, 300 g de castanha-do-pará torrada, 200 ml de óleo de canola, 20 ml de suco de limão, 5 g de ciboulette, sal a gosto.

MODO DE PREPARO

Corte todos os legumes em cubos de 1cm x 1cm. Cozinhe cada legume até que fiquem al dente. Em uma frigideira, coloque a manteiga de garrafa e refogue todos os legumes juntos. Acerte o sal e finalize com manjericão, coentro e pimenta de cheiro.
Vinagrete de castanha-do-pará: Na Thermomix, bata a castanha com o óleo até ficar homogêneo. Adicione o suco de limão e a ceboullete e acerte o sal.
Finalização: Grelhe com azeite o pirarucu até que fique bem dourado. Sirva com o ratatouille e o vinagrete de castanha-do-pará.

2.

BANANA

"É a fruta íntima e comum, fiel ao pobre, saboreada por todas as idades e paladares. Sem trabalho e sem complicações". Assim bem definiu Luiz da Câmara Cascudo em seu livro História da alimentação no Brasil a banana, a fruta que mais abunda pelo país afora. De tão presente até dispensa apresentações. Existe infância sem ela, nas papinhas, nas lancheiras e nas sobremesas? No entanto, por brasileiríssima que nos pareça, a banana provavelmente surgiu no sudeste asiático e só foi proliferar-se neste continente com a chegada de espanhóis e portugueses.

Há longuíssima lista de bananas, grandes, pequenas, mais e menos doces, e com os séculos de uso frequente na cozinha os brasileiros foram determinando quais prestam-se mais para cada modo de preparo. Nos pratos salgados geralmente usa-se mais a banana-da-terra; a prata dá a melhor bananada e a banana-maçã, mais miúda, deve ser comida crua, in natura, pois mais doce e gostosa que ela não há. Outras variedades comuns são a nanica, a pacova e a figo.

A banana dá em cachos grandes, em uma planta cujo verdadeiro tronco esconde-se sob a terra (o que parece ser o tronco é na verdade uma superposição das bases de folhas novas). Não tem sementes: bananeiras propagam-se dando rebentos, que crescem ao redor da "matriz". A fruta tem inúmeras qualidades, entre elas duas imbatíveis. Sua casca, grossa porém fácil de se retirar, é uma das "embalagens" mais perfeitas da natureza. E a banana amadurece perfeitamente fora do pé, o que é uma grande vantagem: seus cachos podem ser colhidos verdes, com os frutos ainda duros e, portanto, resistentes a quedas ao chão e durante o transporte.

A abundância faz da banana uma fruta muito barata (nos trópicos, pelo menos). Ainda assim, tem lugar de honra na confeitaria, talvez mais ainda na Europa do que no Brasil (os maiores chefs franceses têm obsessão por sobremesas com banana, especialmente casadas com coco, manga e maracujá, quarteto que consideram deliciosamente exótico). É uma das poucas frutas que faz tanto sucesso em pratos salgados como nos doces. Com arroz, feijão e farofa, ou frita à milanesa e servida com pratos mineiros ela brilha tanto quanto em bananadas ou cucas. ■

EDINHO ENGEL

ais brasileiro do que Edinho Engel, difícil. Nascido e criado em Uberlândia, foi para São Paulo nos anos 70 estudar sociologia. Lá ficou – e chegou até a abrir um restaurante, o extinto Fazenda Mineira – até cair de amores por Camburizinho, no Litoral Norte paulista. Mudou-se para lá de mala e cuia e abriu, em 1988, o famoso restaurante Manacá, que faz sucesso até hoje. Em , abriu um segundo restaurante em Salvador, o Amado, e para lá foi.

O que não mudou nesses anos todos em Edinho foi seu respeito por seu entorno – talvez consequência de uma infância vivida no campo, onde o fogão à lenha era o elo familiar. Foi pioneiro ao construir um restaurante de praia sobre palafitas, para não desviar o curso do rio Camburi, e ao apoiar o desenvolvimento de processos de coleta seletiva de lixo e tratamento de esgoto. Nos anos 80, mal se falava em desenvolvimento sustentável. Por pressão dele, o município de São Sebastião (que engloba Camburizinho) foi o primeiro no Brasil a fazer a seleção do lixo.

Autodidata, só foi fazer cursos de cozinha (inclusive no Senac) depois de abrir o Manacá. Mesmo assim, não só deu certo como chef como ganhou fama e reconhecimento. Conforme Camburizinho foi crescendo – e como

Papillote de robalo em folha de bananeira com farofa de camarão, banana e alcaparras

cresceu! – o restaurante firmou-se como referência não só daquela praia como de toda a região, recebendo prêmios por seus pratos com ênfase em peixes e frutos do mar. Em 2002, lançou o livro O cozinheiro e o mar: a cozinha de Edinho Engel e o Restaurante Manacá, lindamente ilustrado.

Em 2006 veio a reviravolta: Edinho encantou-se por um galpão à beira-mar em Salvador e lá abriu o Amado. "É um restaurante moderno, com cara da Bahia e do Brasil, da decoração à vegetação densa e o deck invadindo o mar", diz. À época ele pouco sabia sobre os hábitos baianos, mas rapidamente foi aprendendo a entender sua clientela e a conhecer produtos dali que até então nunca tinham entrado em sua cozinha. "A Bahia tem muita coisa boa, que eu aprendi a conhecer quando vim para cá". No Amado, essa Bahia é homenageada, claramente – mas de uma forma moderna e autoral e com influências de outros lugares do mundo. Sua moqueca, por exemplo, pode levar caju e ser servida sobre purê de inhame; e caruru e arroz negro podem aparecer em um mesmo prato.

DIZ O MINEIRO QUE VIROU PAULISTA E, AGORA, BAIANO: "A BAHIA TEM MUITA COISA BOA"

Hoje esse novo baiano está entre os maiores defensores não só da culinária do estado (inclusive ingredientes menos conhecidos, como o licuri) como de toda a região. "É hora de levar o que o Nordeste tem para o mundo todo, e a gente tem muita coisa", diz. Nunca se esquece, porém, do Manacá, onde tudo começou. O Brasil deve muito a esse visionário, tão comprometido com a preservação de nossas riquezas naturais – e Salvador, que tanto ganhou com a chegada dele, ainda mais.

RECEITA

Papillote de robalo em folha de bananeira com farofa de camarão, banana e alcaparras

INGREDIENTES

Recheio: 4 colheres (sopa) de manteiga, 1 alho-poró em tiras finas, 1 cebola média ralada, 3 tomates sem pele em cubos, 1 pimentão vermelho dividido em 4 partes, 1 folha de louro, 2 colheres (sopa) de alcaparras, sal e pimenta-do-reino, 6 camarões-rosa limpos e picados, 1 colher (sopa) de salsa picada, 1 colher (sopa) de cebolinha picada, 1 xícara (chá) de farinha de mandioca (aproximadamente), 2 bananas-nanicas

Peixe: 4 filés de robalo (200 g cada), suco de 1/2 limão, sal e pimenta-do-reino, folhas de bananeira, 2 colheres (sopa) de azeite de oliva extravirgem

MODO DE PREPARO

Recheio: Numa panela, coloque a manteiga e refogue o alho-poró e a cebola até ficarem dourados. Junte os tomates, o pimentão, a folha de louro, as alcaparras, o sal e a pimenta e cozinhe por 5 minutos. Acrescente os camarões e refogue por mais 2 minutos. Junte a salsa e a cebolinha e, aos poucos, acrescente a farinha de mandioca até obter uma farofa bem úmida. Corte as bananas em rodelas e misture tudo.

Peixe: Corte os filés ao meio e tempere com gotas de suco de limão, sal e pimenta. Corte a folha de bananeira em pedaços de aproximadamente 30 cm de lado e unte-os com azeite. No centro de cada folha, coloque um filé de robalo, disponha um pouco da farofa em cima e, por fim, coloque outro filé, formando uma espécie de sanduíche. Dobre as sobras da folha sobre o centro e feche o papillote. Leve para grelhar numa chapa, churrasqueira ou frigideira por aproximadamente 15 minutos. Sirva acompanhado de arroz branco.

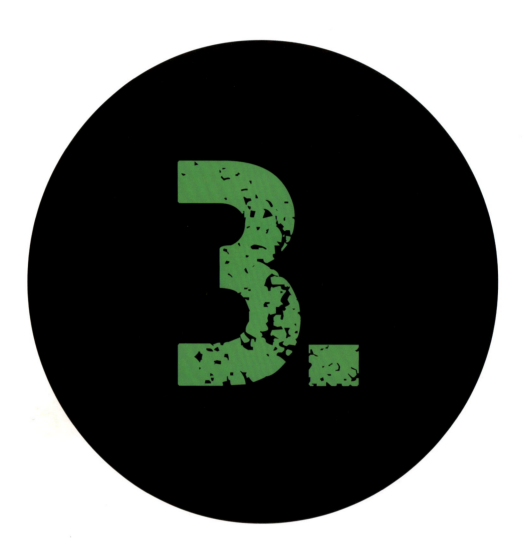

JEFFERSON RUEDA

LEITÃO

LEITÃO

Por que estaria o leitão (um porco jovem) entre os 22 ingredientes brasileiros homenageados neste livro, se o porco já era consumido no século VII a.C. no sudoeste asiático e é tão ou mais enraizado na cultura gastronômica de países como Espanha, China e Inglaterra que na nossa? Porque, simplesmente, não existiria a culinária mineira sem ele – tampouco metade das receitas salgadas típicas do interior paulista.

O porco é criado no mundo todo (exceto pelos judeus e muçulmanos) por uma razão simples: é um bicho omnívoro que come de tudo, e pode ser alimentado até com restos orgânicos, e dele aproveita-se absolutamente tudo, exceto os olhos. Há espécies melhor adaptadas a climas frios, outras que preferem o calor, há o famoso porco ibérico de patas negras, com o qual se fazem os melhores presuntos do mundo... enfim, uma infinidade de espécies.

O porco foi trazido ao Brasil de Portugal onde sua matança, ritual envolvendo toda a família e terminando em banquete, sempre foi uma das tradições gastronômicas mais importantes. Como descreve Maria de Lourdes Modesto, maior escritora de cozinha portuguesa, é quando "se enche de bocados anafados de vianda a salgadeira e se enfeitam de apetitosos chouriços. Pelo tempo dos frios é que se escolhe o porco mais gordo, mais pesado, a prometer abundância de toucinho". Usam-se o sangue, a gordura e as tripas para fazer diversos enchidos, e a carne em uma infinidade de receitas.

Herdamos dos portugueses muitas dessas receitas, com o tempo adaptadas ao nosso gosto, e servidas com acompanhamentos bem brasileiros, como farofa e banana. Grosso modo, come-se o porco em cortes menores, como lombo ou pernil. Mas na hora de assar um bicho inteiro, usa-se um leitão ou leitoa, de carne mais clara e tenra.

A arte de fazer enchidos e presuntos nunca foi nosso forte. Só recentemente a charcuterie suína ganhou impulso na cena gastronômica brasileira, graças a chefs da nova geração apaixonados pelo tema, como o paulistano André Mifano, do restaurante Vito, e Jefferson Rueda, autor da receita que segue. Em contrapartida, dominamos a arte do pururucar – deixar estalando de crocante a pele de um leitão – e também de fritar torresmos sequinhos e crocantes, guloseima comum pelos botecos do país, geralmente acompanhada de caldinho de feijão.

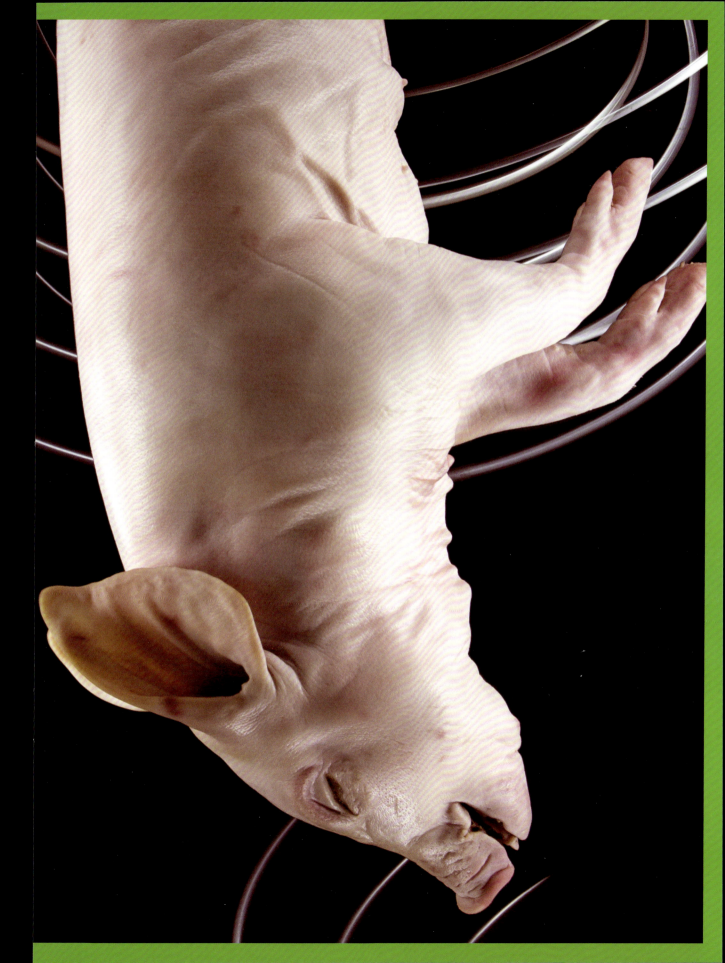

JEFFERSON RUEDA

ão é qualquer chef que pode gabar-se de ter cunhado um novo estilo de cozinha, com direito a nome próprio: ítalo-caipira. Isso é privilégio do orgulhosamente caipira Jefferson Rueda, de São José do Rio Pardo, interior paulista, pertinho do sul de Minas Gerais. Ele construiu carreira em renomados restaurantes de São Paulo, mas foi no Pomodori que se destacou como comprovado talento. Ali ele servia algumas das melhores pastas da cidade.

Jefferson sempre viu o que poucos viam: há muito da Itália no estado de São Paulo, a herança dos imigrantes segue viva em pratos "italianados" que já fazem parte do repertório local de receitas. Ele é grato pelo que aprendeu de cozinha francesa, espanhola e italiana com outros chefs, enquanto empregado ou durante estágios – e tem um currículo pontilhado de estrelas e nomes

Virado à paulista

famosos – mas sempre permaneceu focado na sua própria cozinha, afetiva e muito paulista.

Em 2012 abriu o Attimo e materializou o sonho de ter seu negócio próprio (em sociedade com o restaurateur Marcelo Fernandes). Aí se sentiu finalmente livre para jogar um holofote nessa cozinha "mezzo caipira, mezzo italiana" que ele cresceu comendo. O codeguim encontrou-se com o cottechino, a pasta italiana casou-se com a galinha caipira, a coxinha tornou-se abre-alas e o público aplaudiu. O Attimo, em meros dois anos, sagrou-se um dos melhores restaurantes da cidade, e a longa lista de reconhecimentos culminou em 2013, com o prêmio de Chef do Ano da revista Veja São Paulo.

Jefferson trouxe para o competitivo mundo da alta cozinha em São Paulo um universo até então desvalorizado e desconhecido. Ao abraçar sua "caipirice" e ao reinterpretar pratos interioranos com uma pegada de alta cozinha, quebrou preconceitos e fez os paulistas verem o valor do que sempre esteve ali, em seu próprio quintal. Dedicado pesquisador, ousado criador de menus-degustação que contam a história da cozinha de São Paulo, Jefferson desbrava sem medo território nunca antes navegado.

JEFFERSON JOGOU UM HOLOFOTE NA COZINHA MEZZO CAIPIRA E MEZZO ITALIANA QUE CRESCEU COMENDO

RECEITA

Virado à paulista

INGREDIENTES

400 g de barriga de leitão e costela sem osso, 50 ml de molho de leitão, 5 g de purê de couve, 150 g de purê de feijão, 40 g de tartar de banana, 5 g de ovo de codorna **Leitão:** 400 g de leitão, 500 ml de água, 1 folha de louro, 50 g de sal, 1 ramo de tomilho **Molho de leitão:** 80 ml de glacê de porco, 6 g de alho negro **Purê de couve:** 200 g de couve-manteiga, 240 ml de água, 1 g de xantana **Purê de feijão:** 20 g de cebola branca, 10 g alho picado, 30 ml de azeite extra virgem, 100 ml de caldo de feijão, 50 g de farinha de mandioca **Tartar de banana:** 10 g de cebola roxa, 3 ml de suco de limão, 110 g de banana-nanica, 5 ml de azeite extravirgem, sal, 5 g de pimenta-biquinho, 2 g de cebolinha francesa **Linguiça artesanal:** 100 g de linguiça artesanal, 50 ml de banha de porco **Ovo:** 1 ovo de codorna

MODO DE PREPARO

Leitão: Coloque o leitão em salmoura com todos os ingredientes por uma hora. Retire, coloque no vácuo e cozinhe a 63º C por 72 horas. Resfrie e divida em em cubos de 50 g. Reserve. **Molho de leitão:** Aqueça o glacê com alho negro picado. Coe e reserve. **Purê de couve:** Branqueie a couve. Bata no liquidificador com água morna até ficar homogêneo. Espesse com xantana. **Purê de feijão:** Refogue a cebola e o alho no azeite. Adicione o caldo de feijão, aqueça e engrosse com farinha de mandioca. Bata no liquidificador e passe na peneira fina. Reserve. **Tartar de banana:** Corte a cebola em brunoise. Adicione o suco de limão, a banana cortada em cubos, tempere com o azeite, o sal, a pimenta-biquinho batida e a cebolinha francesa picada. **Linguiça artesanal:** Confite a linguiça na banha do porco a 80º C por 30 minutos. Reserve. **Ovo:** Cozinhe o ovo de codorna a 82º C por 30 minutos. Retire a casca e a clara, mantendo apenas a gema. Reserve. **Finalização:** Aqueça os purês e o molho. Sele a barriga de leitão até a pele ficar crocante e monte o prato. No centro, coloque o purê de feijão, o leitão, o ovo, o tartar de banana e a linguiça em cima. Em volta, coloque o molho e risque a borda do prato com o purê de couve. Decore com flor comestível e sirva.

CAFÉ

Embora há quem discorde, argumentando que ele vem das arábias, o café, hoje produzido em larga escala em muitos países – principalmente no Brasil – originou-se na Etiópia. Essa é a teoria da maioria dos estudiosos, entre eles Reay Tannahill, que em seu livro Food in History diz também que "há muitos mitos sobre quem primeiro descobriu que era comestível, e depois bebível, tantos quantos há sobre as origens do vinho. A palavra 'café' vem do árabe quahway, via o turco kahveh, que originalmente significava 'vinho'. O café tornou-se o vinho dos muçulmanos, para quem o vinho verdadeiro era proibido".

Do Oriente o café viajou à Itália por volta de 1580 e de lá o costume de bebê-lo alastrou-se pela Europa. Tannahill afirma que o primeiro café europeu foi aberto em Oxford em 1650 por um judeu turco. A primeira muda de café chegou ao Pará em 1727 – onde as condições climáticas não eram nada ideais para seu plantio – e ainda se passaram décadas até que surgissem as primeiras plantações no Sudeste, onde o clima mais ameno, especialmente nas regiões serranas, era propício para sua propagação.

Considerando o quão presente é o café no dia a dia de toda família brasileira, e que somos o maior produtor mundial, admira-se que não existisse no país desde os primórdios da colonização. Quando finalmente emplacou como uma das principais lavouras no Sudeste, trouxe imensa fortuna a fazendeiros e comerciantes, especialmente durante o chamado Ciclo do Café (1800-1930).

Das muitas variedades do produto, as mais cultivadas são a arábica (dá cerejas de melhor qualidade, prefere regiões de clima fresco) e a robusta (mais resistente ao calor e adaptável a diferentes habitats).

É a semente da fruta, seca e torrada, que conhecemos como grão de café. O café, além de bebido puro ou com leite, entra como ingrediente em inúmeras receitas brasileiras de doces. Fora do Brasil aparece também em receitas salgadas, como nos molhos *moles* típicos de Oaxaca, no México.

Depois de mais de século exportando a matéria-prima e importando o produto processado (foram os europeus que aperfeiçoaram os métodos de torra e moagem, e de preparo do melhor café) e não tendo uma cultura de tomar café de alta qualidade disseminada, começamos a recuperar o atraso. Hoje, graças ao crescente número de marcas premium e cafeterias – principalmente em São Paulo e no Rio – servindo espressos e cafezinhos muito bem tirados, estamos aprendendo a apreciar o café em sua melhor tradução.

CARLA PERNAMBUCO

Camaleônica, a gaúcha Carla Pernambuco começou a carreira em jornalismo e publicidade (trabalhou para a agência DM9 e para o jornal Folha de São Paulo, entre outros), tornou-se mãe, chef, autora e, hoje, celebridade televisiva. Depois de morar em Nova York com seu marido (o fotógrafo Fernando Pernambuco), estudar no French Culinary Institute, no Soho, e fazer cursos na Peter Kump's School, voltou a São Paulo e montou o Carlota. Inaugurado em 1995, veio a se tornar o mais importante restaurante de cozinha contemporânea brasileira, vencendo, por anos consecutivos, o importante prêmio do guia anual da revista Veja São Paulo.

Carla desbravou um caminho depois trilhado por muitos outros. Tornou a cozinha brasileira pop, e misturou-a a receitas pinçadas de suas tantas viagens. Quase sem querer, transformou-se na primeira embaixatriz da nova cozinha brasileira, pelo impacto que teve na cena gastronômica seu pequenino e simpático Carlota. Uma receita, em particular, tornou-se icônica – talvez uma das mais copiadas pelo Brasil afora. Seu suflê de goiabada com calda de Catupiry fez história e pôs no mapa uma fruta brasileiríssima até então desprezada nas grandes mesas.

"Na rua em que cresci havia goiabeiras nos quintais, nas pracinhas, nos jardins dos vizinhos, nos fundos da minha casa, e na letra de canções", conta. "O Brasil deveria prestar mais atenção à goiaba". Essa é uma de muitas bandeiras que ergue essa simpática e comunicativa chef, que apresenta o programa Brasil no Prato (no canal FOX). Buscando inspiração para a série, já na terceira temporada, viaja pelo Brasil afora. Ultimamente, encantou-se em especial pelas culinárias de Recife, Natal e Campo Grande. Ela compartilha o que aprende em suas andanças não só na tevê como nos oito livros que já publicou, no Carlota e em seu novo e mais casual restaurante, o Las Chicas Gourmet Garage. A última? Um nono livro, "Diário da Cozinheira", contando memórias e viagens, lançado em maio.

Uma força da natureza, Carla criou ao longo da carreira um universo de sabores muito seu, muito cool e, claro, muito brasileiro.

CARLA CRIOU UNIVERSO DE SABORES MUITO SEU, MUITO COOL E, CLARO, MUITO BRASILEIRO

RECEITA

Gelado de café e tapioca

INGREDIENTES

Sorvete: 2 xícaras (chá) de leite, 1 lata de leite condensado, 1 xícara (chá) de creme de leite fresco, 1 pitada de sal, 8 gemas peneiradas
Sagu: 1/2 xícara (chá) de sagu, 4 xícaras (chá) de água, 3 colheres (sopa) de açúcar, 1 canela em pau
Molho de café: 1 e 2/3 de xícara (chá) de creme de leite fresco, 2/3 de xícara (chá) de leite, 1/2 xícara (chá) + 2 colheres (sopa) de açúcar, 1 colher (chá) de essência de baunilha, 8 gemas, 2 colheres (sopa) de café bem forte, palito de chocolate para decorar, chocolate em pó para polvilhar

MODO DE PREPARO

Sorvete: Numa panela, junte o leite, o leite condensado, o creme de leite e o sal. Leve ao fogo, mexendo, até começar a ferver. Numa tigela, jogue um pouco da mistura de leite sobre as gemas e misture bem. Volte tudo à panela e mexa em fogo baixo até engrossar levemente. Despeje num bowl e cubra com filme plástico. Leve à geladeira por pelo menos 8 horas. Coloque no bowl congelado da sorveteira e bata até ficar cremoso. Mantenha no freezer.
Sagu: Numa panela, leve ao fogo o sagu, a água, o açúcar e a canela e ferva até que o sagu esteja quase totalmente cozido, apenas com o centro branco. Deixe esfriar e coloque num recipiente fechado.
Molho de café: Numa panela, ferva o creme de leite, o leite, 1/2 xícara (chá) do açúcar e a baunilha. Numa tigela, bata as gemas com o açúcar restante. Junte um pouco do leite e misture bem. Leve tudo de volta ao fogo, mexendo até engrossar levemente. Retire do fogo e acrescente o café, mexendo bem para dissolver. Deixe esfriar. Distribua em canecas de vidro o sagu com um pouco do molho de café, coloque uma bola de sorvete por cima e finalize com o sagu. Decore com um palito de chocolate e polvilhe chocolate em pó.

5.

MARACUJÁ

O maracujá que melhor conhecemos, encontrado em qualquer feira, de casca amarela e enrugada e polpa acinzentada, translúcida e viscosa, é uma de centenas de espécies de trepadeiras que pertencem ao gênero botânico chamado Passiflora. Há maracujás maiores (dando fruto de até três quilos!) e menores; roxos, brancos e alaranjados; lisos e listrados. Aromático, azedinho de gosto, o maracujá comum (ou maracujá-amarelo) está entre as frutas mais adoradas do Brasil. Anda muito na moda também no exterior, inclusive na Europa e na América do Norte, onde dá sabor a produtos secos e confeitos industrializados e é conhecido como passion fruit, ou fruit de la passion.

Esse nome tão dramático poderia ser uma alusão à beleza apaixonante da flor do maracujá, geralmente branca e roxa (ou às vezes vermelho-escarlate) com uma coroa de filamentos emoldurando os pistilos. Mas na verdade o nome tem origem religiosa. O frei português Antonio do Rosário, em livro publicado em 1702, escreveu que o maracujá, "se não é a rainha, é a duquesa das frutas pela flor com que a natureza a enobreceu e singularizou, sobre todas as frutas e flores da terra; pintou o Criador, ao vivo, nesta misteriosa flor, a lamentável tragédia da sua Paixão".

O maracujá-amarelo dá o ano inteiro, principalmente no Norte e no Nordeste. Seus usos mais comuns são em sucos, caipirinhas e em uma sobremesa que, de tão fácil preparo, tornou-se unanimidade nacional: a musse de maracujá (que pode ser feita em cinco minutos, usando um liquidificador). Embora se preste mais a doces – principalmente tortas – a polpa do maracujá, congelada ou in natura, pode ser usada em vinagretes e marinadas. Chefs franceses recém-chegados ao Brasil descobriram, nos anos 70, que seu sabor agridoce e a crocância de suas sementes negras realçavam, em especial, postas de peixe. A receita de salmão com molho de maracujá de Claude Troisgros, daquela época, tornou-se uma das mais copiadas do país. Os estrangeiros, até mais do que nós próprios, apreciam o exotismo e o sabor inigualável dessa fruta tropicalíssima.

MÔNICA RANGEL

uem diria que uma ex-secretária bilíngue, criada em Niterói, um dia se transformaria na melhor chef de cozinha mineira do Brasil? Pois Mônica Rangel fez essa proeza, e muitas outras mais desde que foi passar férias na lindíssima cidadezinha de Visconde de Mauá e apaixonou-se a ponto de decidir-se mudar para lá com marido e filhos. Em Mauá aflorou algo que estava guardado dentro do peito desde a infância, passada ao pé do fogão à lenha vendo mãe e avó cozinhando (ela nasceu em Juiz de

Pudim de queijo canastra com pétalas de maracujá

Fora, Minas Gerais, onde viveu até os quatro anos). Quando deu a guinada radical, deixando Niterói para abrir um pequeno café em Mauá, talvez nem ela imaginasse que viria a se tornar uma das figuras mais importantes da gastronomia brasileira.

Seis meses depois de aberto o café, em 1994, ela inaugurou o Gosto com Gosto, restaurante que lhe rendeu fama e prêmios. Os pratos são os mesmos que aparecem em milhares de menus mineirinhos: tutu, costelinha de porco etc. Mas nas mãos dela eles sobem a outro patamar, saem nitidamente mais apurados e refinados. A linguiça é feita ali mesmo, assim como as compotas de frutas e tantas gostosuras mais. A cachaça, outra mineirice indispensável, ganha lugar de honra: são mais de 640 rótulos à venda, muitos podendo ser degustados ali mesmo.

> **EM MAUÁ AFLOROU O QUE TINHA GUARDADO NO PEITO DESDE A INFÂNCIA**

Líder por natureza, Mônica foi dando passos cada vez maiores. Primeiro, concebeu o Concurso Gastronômico de Visconde de Mauá e o Festival do Pinhão, eventos anuais. E, em 2011, com apoio oficial da Embratur e de importantes chefs, criou a Associação Brasil à Mesa, que busca promover e desenvolver a gastronomia brasileira dentro e fora do país. Desde então representou o Brasil em eventos pelo Brasil afora. Sempre, no entanto, ela volta para sua querida Mauá, onde continua cuidando, bem de perto, de sua cozinha tão mineirinha. Cozinha que ela mostra pela primeira vez em livro, com o lançamento recente de "Interpretações do gosto".

RECEITA

Pudim de queijo canastra com pétalas de maracujá

INGREDIENTES

Pudim: 1 lata de leite condensado, 300 g de queijo canastra, 300 ml de leite integral, 80 g de açúcar cristal, 4 ovos

Doce de casca de maracujá: 10 maracujás azedos, 500 g de açúcar cristal, 500 ml de água, 3 cardamomos, 2 anis estrelados

MODO DE PREPARO

Pudim: Prequeça o forno a 180° C. Unte 10 formas de pudim individuais com manteiga e açúcar. Bata todos os ingredientes no liquidificador e distribua nas forminhas untadas e asse em banho-maria por 1 hora ou até que um palito enfiado no pudim saia limpo. Leve ao refrigerador antes de desenformar.

Doce de casca de maracujá: Descasque e corte em pétalas o maracujá, reservando a polpa e sementes. Cozinhe as cascas e escorra. Leve ao fogo o açúcar, a água, os cardamomos e o anis até o ponto de fio. Junte as pétalas de maracujá e cozinhe por cerca de 20 minutos ou até ficarem macias. Bata o suco de maracujá sem as sementes, acrescente ao doce, junto com as sementes e depois de ferver cozinhe por mais 5 minutos. Sirva o pudim de queijo canastra com 2 pétalas da casca do maracujá e sua calda.

6.

ERVA-MATE

Chama-se de erva-mate, no Brasil, as folhas de uma árvore originária das regiões subtropicais do Paraguai e Brasil, a Ilex Paraguariensis. Essas folhas, ainda verdes e moídas, são consumidas em imensa quantidade no sul do país, em infusão em água quente dentro do tradicional chimarrão. As mesmas folhas, secas e tostadas, são vendidas como chá no Sudeste, tomado tanto quente como gelado. Nas praias do Rio de Janeiro não há bebida mais popular do que o mate gelado, vendido por ambulantes em copos descartáveis.

Os incas já bebiam mate, de modo semelhante aos gaúchos, misturando as folhas pulverizadas e a água quente em uma cuia ou cabaça e sugando o chá através de um largo canudo com uma peneira na ponta (bomba, ou bombilla em espanhol). Mate é uma palavra inca que significa cabaça.

No século XVI a erva mate chegou a ser proibida no sul do Brasil, sendo considerada "erva do diabo" pelos jesuítas, porém sendo logo em seguida reabilitada pelos mesmos padres que passaram a incentivar seu uso, que ajudava a afastar as pessoas do álcool. Foi no século XIX, quando o Paraguai proibiu a exportação de erva-mate, que o Brasil aumentou consideravelmente sua produção, principalmente no Paraná, para suprir a larga demanda argentina e uruguaia.

Muito digestivas, as folhas de mate são estimulantes: combatem a fadiga física e mental. O chá passa sensação de saciedade, ajudando em regimes de emagrecimento.

Sucos de fruta contrabalanceiam bem o amargor natural do mate, assim como o leite – essas misturas fazem sucesso nas capitais do Sudeste. Na culinária, o mate aparece ainda timidamente, mas vai ganhando espaço graças ao trabalho de chefs engajados, como Celso Freire e a estrela em ascensão Manu Buffara, que faz dele até farofa.

CELSO FREIRE

uando Celso Freire diz "tenho meu caminho", ele deve referir-se ao fato de que há mais de 30 anos vem remando praticamente sozinho em sua cidade, Curitiba, onde a cena gastronômica ainda engatinha. Hoje, a capital paranaense começa a valorizar sua cozinha regional, sob influência do próprio Celso e de jovens talentos como a estrela em ascensão Manu Buffara, mas nem sempre foi assim.

Celso fez seu nome com o restaurante Boulevard, que inaugurou em sociedade com o cunhado em 1992. Ele havia voltado há pouco de um ano no restaurante La Tambouille, em São Paulo, seguido de um ano trabalhando na embaixada brasileira em Londres, e queria, custasse o que custasse, trazer um pouco do que vira lá fora para sua cidade. Foi o primeiro chef fora do eixo Rio-São Paulo a conquistar as cobiçadas três estrelas do Guia Quatro Rodas, entre diversos outros prêmios. Depois de vinte anos à frente dos

Polvo marinado e defumado com erva-mate, aioli e minibatatas orgânicas

fogões, cansou-se e fechou o Boulevard. "Levar um restaurante desses não é nada fácil, e não dá para fazer mais ou menos", diz.

Dez anos atrás, ele abriu um segundo restaurante, o Zëa Mais, um sucesso perene que ele supervisiona, mas não toca o dia a dia da cozinha. Assim, consegue dedicar-se ao que adora: aprimorar receitas de seu estado e compartilhar seu conhecimento dando aulas no Centro Europeu. "Temos uma cozinha rica que integra várias culturas, desde o barreado do litoral aos peixes de rio do norte e o carneiro no buraco dos indígenas do centro-oeste", diz, ressaltando que Curitiba também tem sua tipicidade, e forte influência italiana. Celso ajudou a criar o curso de gastronomia da PUC do Paraná, do qual é consultor. Toda segunda-feira, dá aula prática, cozinhando com os alunos.

CELSO ESTÁ NO SEGUNDO TEMPO DE SUA CAMINHADA

Agora, ele chegou ao que chama de segundo tempo de sua caminhada. Acaba de inaugurar o Celso Freire Gastronomia, um espaço com uma cozinha equipadíssima bem no centro do salão. Ali pretende fazer eventos e receber muitos chefs de fora. "É a realização de um sonho, empresariar menos e poder voltar a ficar à frente do fogão, eu preciso do fogão", diz. Alex Atala foi um dos primeiríssimos a fazer um test drive do espaço, e aprovou (fizeram coxinhas de rã juntos, para amigos). O lugar servirá como espécie de embaixada paranaense de gastronomia. "Hoje finalmente estamos valorizando mais nossa culinária regional, espero esse movimento não fique só em Curitiba, que percorra o estado como um todo", diz. Com Celso ao timão, não deverá tardar...

RECEITA

Polvo marinado e defumado com erva-mate, aioli e minibatatas orgânicas

INGREDIENTES

2 tentáculos de polvo de aproximadamente 300g cada, 300 g de açúcar, 100 g de sal, 30 g de erva-mate – 10g para a marinada e 20g para defumar, 4 dentes grandes de alho, 150 g de maionese, 3 g a 5 g de açafrão em pó, 12 unidades de minibatatas orgânicas

MODO DE PREPARO

Marine o polvo com açúcar, sal e 10 g de erva mate por 12 horas na geladeira. Asse o alho até ficar bem macio e passe por uma peneira fina. Misture a maionese e o açafrão em pó. Misture bem, acerte o sal e reserve. Cozinhe as batatas com casca em água com sal até o ponto ideal. Escorra e reserve. Em um defumador, coloque o polvo. Use a erva mate restante no lugar da serragem destinada à defumação, por 20 minutos. Em uma grelha, marque bem os tentáculos do polvo e as batatinhas. Corte os pedaços de polvo e monte no prato intercalando polvo, batata e aioli.

MARA SALLES

PIMENTA-DE-CHEIRO

PIMENTA-DE-CHEIRO

Não é para todo bico, mas faz parte de nossa cultura à mesa o molho de pimenta – especialmente no Norte e no Nordeste. Da vasta gama de pimentas, a malagueta deve ser a mais conhecida delas. Mas se há um aroma que define a culinária amazônica, esse aroma é o de outra pimenta, a de cheiro.

Que fique claro: o que muitos acreditam ser uma espécie é na verdade um grupo de pimentas, todas chamadas "de cheiro" e pertencentes à família Capsicum chinense. O nome alude à China por erro do botânico holandês que as classificou: elas têm origem na América do Sul.

No Brasil, fazem parte dessa família, entre outras, a bode (ou bodinho), a cumari do Pará, a murici e a murupi. A cor dos frutos varia muito, do amarelo ao vermelho, ou até preto. Têm sabor e ardência diferentes, indo do muito suave ao ultrapicante. As famosas pimentas habanero tão populares no México pertencem à mesma família.

O que as une é o aroma, daí o nome. Picantes, sim – mas deliciosamente fragrantes, um cheiro muito característico, difícil de descrever para quem nunca foi a Manaus ou Belém, onde são tão comuns nas refeições do dia a dia.

No Nordeste, as pimentas-de-cheiro geralmente são conservadas em óleo ou vinagre. No Norte, são servidas frescas, em uma espécie de vinagrete que exala seu perfume quando é posto na mesa, perfeito para temperar peixes grelhados, casado com farinha d'água. Sabor mais típico não há.

Osvaldo Orico, que se refere à pimenta-de-cheiro servida in natura como "um regalo para o paladar ver" explica em seu livro Cozinha amazônica: "Enfeitiçados pela malagueta em pó, os baianos não deram maior importância a outras espécies de pimentas lá existentes: a de cheiro, umbigo-de-tainha, cumaru, ataré da Costa. [...] Já a cozinha amazônica, ao inverso da baiana, herdou dos indígenas o hábito da pimenta fresca."

Esse hábito ainda permanece lá, vivo e forte – para nossa sorte. ■

MARA SALLES

Dez anos atrás era impensável servir cachaça ou mandioca em um restaurante fino. Se hoje isso não só virou algo "bacana" como há toda uma nova geração de chefs cozinhando – orgulhosamente – com ingredientes brasileirinhos, a madrinha dessa revolução chama-se Mara Salles. Nos anos 90, quando o chique era tentar reproduzir receitas francesas e italianas em São Paulo, Mara já remava na direção oposta, alheia a modas. "Naquela época a gastronomia não tinha essa projeção nem no mundo e tampouco no Brasil. O brasileiro dos grandes centros torcia o nariz para essa comida, porque ela não era feita de forma gastronômica", diz.

Nasceu em uma fazenda em Penápolis, interior paulista. Tornou-se chef tardiamente, depois de formar-se em turismo e trabalhar no mercado financeiro. Abriu, com Dona Dêga, sua mãe, o Roça Nova, no bairro de Perdizes, onde perderam dinheiro. A segunda tentativa, o Tordesilhas, não só emplacou como tornou-se referência de cozinha brasileira. O restaurante, hoje instalado nos Jardins, é o único de São Paulo – quiçá do Brasil – onde se pode provar, qualquer dia, pratos típicos de todos os cantos do país feitos com muito esmero.

Há desde o tacacá paraense à casquinha de siri baiana, de moqueca capixaba ao muito amazônico pirarucu grelhado com tucupi e legumes. Pimentas e farinhas, há muitas. E uma sensação, para quem lá come, de se estar mergulhando de cabeça na vasta culinária brasileira. Mara é estudiosa sem qualquer pedância.

Marinada de manga e surubim defumado ao aroma de pimenta-cheirosa-do-pará

Considerada a madrinha do movimento da nova gastronomia brasileira, Mara já participou de incontáveis fóruns, deu aula de gastronomia na faculdade Anhembi Morumbi por nove anos e entre seus discípulos incluem-se chefs como Rodrigo Oliveira, do Mocotó.

Dos muitos louros que recebeu ao longo da carreira, o que mais lhe deixou orgulhosa foi o Jabuti com que premiaram, em 2012, seu livro Ambiências: Histórias e Receitas do Brasil. Nele Mara revela o mesmo caleidoscópico universo que compõe seu estilo de cozinha. Há desde o feijão com arroz de sua mãe a receitas descobertas em viagens para a Amazônia e o Cerrado.

Mara, a visionária, segue hoje tão entusiasmada quanto quando começou. Mesmo já consagrada, segue arriscando-se por novos caminhos. Trouxe um lindo costume amazônico – o de comer tacacá na rua, comprado na barraca de alguma tacacazeira – para São Paulo, onde pouquíssimos já viram isso. Mensalmente, faz o chamado "Tem tacacá na Tietê" (nome da rua onde fica o restaurante), quando serve o prato tão comum em Belém para clientes que postam-se na calçada.

MARA, A VISIONÁRIA, DIZ O QUE PENSA

Mara diz o que pensa, sem medo de criticar modismos e de defender teses impopulares. Para ela, parece tola a nova obsessão dos chefs paulistanos e cariocas por ingredientes amazônicos quando há tanto de sub-aproveitado em seus próprios quintais, como os desprestigiados quiabo e abobrinha. "Não gosto dessa coisa espetaculosa, de usar ingredientes da Amazônia só porque estão na moda", diz. Ela vem buscando, cada vez mais, servir comida bem simples, feita com produtos de seu entorno. "Procuro servir comida de mãe, de vó, que alegra as pessoas – mas com ingredientes excepcionais". Ave, Mara!

RECEITA

Marinada de manga e surubim defumado ao aroma de pimenta-cheirosa-do-pará

INGREDIENTES

4 pimentas-cheirosas-do-pará, 4 colheres (sopa) de açúcar, 2 colheres (chá) de sal, 8 colheres (sopa) de vinagre branco, 3 colheres (sopa) de azeite de oliva, 3 raminhos de dill, 2 mangas (não muito maduras) cortadas em lâminas bem finas, 50 g de tapioca em bolinhas (sagu), 100 ml de melado de cana, 50 ml de aceto balsâmico, 200 g de surubim defumado em fatias

PREPARO

Corte as pimentas em rodelas, mantenha suas sementes, e faça uma esfoliação com o açúcar, para que liberem mais o aroma. Faça uma marinada misturando as pimentas esfoliadas, o açúcar, o sal, o vinagre, o azeite e o dill. Introduza as lâminas de manga e deixe marinar por 24 horas. Ferva 700 ml de água, coloque a tapioca e cozinhe por 10 minutos. Escorra sob água fria corrente e volte a cozinhar em nova água fervente até que as bolinhas fiquem transparentes. Retire do fogo e novamente lave em água corrente, escorra e reserve. Ferva o melado misturado ao balsâmico até o ponto de calda espessa. Deixe esfriar e derrame sobre a tapioca. Misture e leve à geladeira por algumas horas. Forre o prato com as lâminas de surubim, arrume as mangas e as pérolas de tapioca.

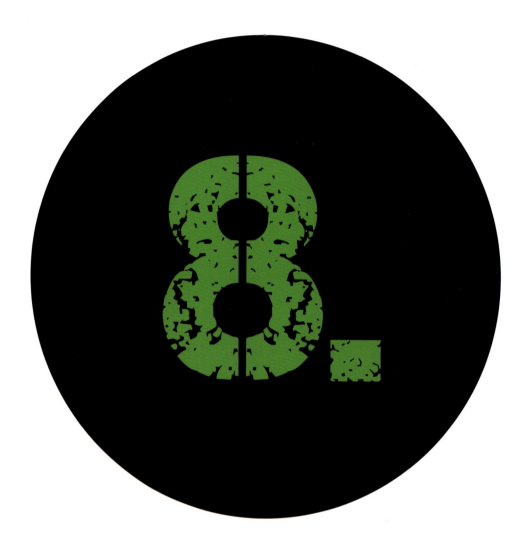

MANDIOQUINHA

Tanto ela aparece hoje em dia em menus badalados que a mandioquinha (ou mandioquinha-salsa) dá a impressão de ter estado aqui no Brasil sempre. Na verdade, sua chegada foi relativamente recente. Em 1907, o ministro da agricultura da Colômbia trouxe mudas desse tubérculo andino (conhecido como arracacha ou virraca, em espanhol) para doar à Sociedade Brasileira de Agricultura. Dizem que o primeiro cultivo foi na Serra Fluminense, mais especificamente em terras que tinham pertencido ao Barão de Friburgo. Daí a origem do nome pelo qual a mandioquinha é conhecida no Rio: batata-baroa, ou, simplesmente, baroa.

Natural de habitat frio – os Andes – no Brasil a mandioquinha alastrou-se, principalmente, pelas regiões de altitude elevada do Rio, de São Paulo, do Paraná e de Minas Gerais. A planta selvagem leva quase um ano para dar uma raiz de tamanho considerável, mas desde os anos 80 a Embrapa (Empresa Brasileira de Pesquisa Agropecuária), em conjunto com parceiros internacionais, aprimoraram o manejo de seu cultivo, encurtando o tempo de maturação para 8 meses.

Embora seja mais clara e bem mais larga, a raiz lembra uma cenoura, e, como ela, contém alto teor de betacaroteno. Exala delicioso aroma que lembra aipo e castanhas quando cozida – sem perder a vibrância de seu interior amarelo. O mais comum é fazer dela sopas e purês, ou fritá-la em palitos, como batata-frita.

Quem elevou o status gastronômico da mandioquinha foram chefs franceses que se mudaram para o Brasil. Nos anos 70, recém-chegados, deleitaram-se substituindo ingredientes a que tinham acesso na França por outros que foram encontrando na terra adotada. Assim surgiram o suflê de mandioquinha com caviar de Laurent Suadeau e o cherne com purê de mandioquinha de Claude Troisgros, entre outros pratos que mudaram a imagem que se tinha do tubérculo para muito melhor.

FELIPE RAMEH

inalmente, depois de quase década sendo definido como "o pupilo de Alex Atala", Felipe Rameh, mais conhecido como Sansão, está saindo da sombra do mestre e sagrando-se grande chef por seu próprio mérito. O jovem mineiro entrou no D.O.M. aos 21 anos de idade e aos poucos foi crescendo na cozinha de Alex até se tornar o braço-direito do chef. Entre 2005 e 2007, foi seu assistente no programa Mesa para Dois, exibido no canal GNT. Atala também encarregou Sansão do menu-degustação do restaurante, grande responsabilidade.

Sansão saiu para adquirir mais experiência. Foi à Europa, onde trabalhou em restaurantes estrelados como o célebre Mugaritz, na Espanha, atualmente cotado como um dos melhores do mundo. De volta ao Brasil, comandou por dois anos a cozinha do restaurante Dádiva, em Belo Horizonte, mas sem grande entusiasmo. "Era meio frustrante, a proposta supercomercial", diz. Ele tinha sede de poder estampar seu estilo em pratos, tomar as rédeas.

A chance veio quando o amigo e chef Fred Trindade ofereceu-lhe sociedade em seu restaurante Trindade. Sansão topou, embora fosse um recomeço duro, em uma cozinha pequena e capenga. Junto, o duo brilhou,

Creme de baroa com cogumelos, castanhas e brotos

transformando o Trindade – especializado em cozinha brasileira – em uma das melhores mesas do estado. Pouco a pouco, investem no espaço, nas louças, esperando poderem construir uma cozinha à altura do trabalho que fazem. Com o sócio, estreitou laços com seus fornecedores locais, os quais pretendem homenagear em um livro.

Sansão acaba de dar o maior passo de sua carreira, inaugurando a uma quadra do Trindade, com sócios, o Alma Chef, um enorme espaço gastronômico englobando sala para aulas de cozinha, espaço para confrarias, empório, boulangerie e restaurante. "Quero receber chefs do Brasil inteiro ali", diz, contando que também dará aulas, as segundas, para cozinheiros amadores. Ele quer dar ao Alma Chef um ar cosmopolita, e vender e servir comida de muitas etnias. Cozinha típica de Minas, essa ele prefere guardar para suas criações mais autorais.

O PUPILO DE ALEX ATALA SAIU DA SOMBRA DO MESTRE: É GRANDE, E POR MÉRITO PRÓPRIO

Pergunte a Sansão se ele se orgulha de suas raízes mineiras e ele responderá: "Claro, uai!", em tom de broma. "A ligação com a roça, essa coisa daqui de a cozinha ser o lugar mais frequentado das casas, isso interfere na minha maneira de enxergar a cozinha", diz. Se depender dele, Belo Horizonte logo entrará na rota da gastronomia. "O cenário mudou, hoje aqui se fala de uma nova geração de chefs, e estamos num momento de olhar para nossas tradições locais e propor releituras". E não há dúvida que é ele quem está à frente dessa nova geração... ■

RECEITA

Creme de baroa com cogumelos, castanhas e brotos

INGREDIENTES

120 g de batata-baroa, 100 ml de leite integral, 50 ml de creme de leite fresco, 30 g de manteiga + 5 g, Flor de sal a gosto, 1 avelã, 1 amêndoa, 1 castanha-de-caju, 1/2 castanha-do-pará, 1/2 noz-borboleta, 1 shitake pequeno, 1 portobelo pequeno, 1 champignon paris médio, 2 bouquets pequenos de shimeji, 1/2 specullos (biscoito belga de especiarias), 10 ml de balsâmico envelhecido, brotos, ervas frescas e flores

PREPARO

Asse as baroas descascadas no forno a vapor até que estejam bem macias. Ferva o leite, o creme, 30 g de manteiga e processe na Thermomix, junto com a baroa, até formar um creme bem liso. Acerte o sal e reserve. Leve as castanhas ao forno médio até que estejam bem crocantes e reserve. Corte lâminas finas de metade dos cogumelos crus. Reserve. Numa frigideira de ferro bem quente, acrescente 5g de manteiga e doure os cogumelos restantes rapidamente, preservando a textura. Reserve. Quebre o biscoito belga até formar uma farinha. Monte o prato dispondo primeiramente os cogumelos salteados, os crus e em seguida as castanhas. De forma harmônica e elegante, finalize com os brotos, ervas frescas e flores. Acrescente um pouco da farinha de biscoito, gotas de redução de balsâmico e flor de sal sobre os cogumelos. Aqueça o creme e sirva à mesa.

THIAGO CASTANHO

FARINHA DE MANDIOCA

FARINHA DE MANDIOCA

A mandioca, raiz de origem amazônica, tem a mesma importância para brasileiros que a batata para os irlandeses e o arroz para os orientais. Peça fundamental da alimentação indígena e de outros povos do Norte, tornou-se já na era colonial alimento essencial na dieta nordestina também, em seguida ganhando importância nas outras regiões brasileiras. As duas variedades mais usadas na alimentação são a mandioca-brava (geralmente, mas nem sempre, amarela), cujo veneno, volátil, é neutralizado por altas temperaturas) e a mandioca-doce (que tem quantidades pequenas do mesmo veneno).

Da raiz da mandioca se faz farinha descascando-a, ralando-a ou triturando-a, e prensando a massa obtida para retirar o excesso de água. Em seguida, a massa, já menos molhada, é peneirada, seca e tostada em enormes tachos de fundo plano (ou nas fábricas, em fornos).

Há mil e uma variações desse modo de fazer, resultando em farinhas muito diferentes, desde muito fininhas a outras bem "caroçudas", como a farinha d'água, tão popular no Norte. Esta última ganhou esse nome porque depois de ralada a mandioca fica alguns dias de molho na água, começando o processo de fermentação.

Hoje em dia quase toda a farinha vendida nos mercados é feita em fábricas ou em engenhos modernos dotados de máquinas movidas à eletricidade. Ainda existe farinha de mandioca feita à mão – principalmente em certas localidades no Norte, como em Bragança, no Pará. Mas a farinha de mandioca artesanal – tão mais saborosa – custa muito trabalho e rende pouco dinheiro, por isso vai rareando cada vez mais.

A farinha de mandioca tem mil e uma utilidades. Engrossa sopas e pirões e constitui a base de milhares de receitas de pães e bolos, por exemplo. Mas o modo mais comum de comê-la é pura, polvilhada por cima de pratos salgados, como feijoada e moqueca, para sugar o líquido, ou torrada na manteiga ou no azeite de dendê até virar farofa, uma das coisas mais brasileiras que há. ■

THIAGO CASTANHO

O restaurante que colocou o jovem Thiago no mapa culinário, o Romanso do Bosque, em Belém, capital do Pará, surgiu quase por acaso. Certa vez, ele, ainda menino, sugeriu ao pai – cozinheiro de mão cheia, mas desempregado – que vendesse comida para amigos e vizinhos. Acatando o conselho do filho, seu Francisco começou a servir pratos da culinária local ali mesmo na sala da casa da família. A caldeirada, em especial, logo ficou famosa. Thiago, do alto de seus doze anos, começou a ajudar o pai. Sua mãe, dona Carmem, cuidava do salão (a certa altura, a mesa única deu lugar a algumas outras mesas e assim a coisa foi, crescendo organicamente e ocupando todos os cantos da modesta casa).

Thiago pegou gosto pela coisa. A família sacrificou-se, abrindo mão do ga-

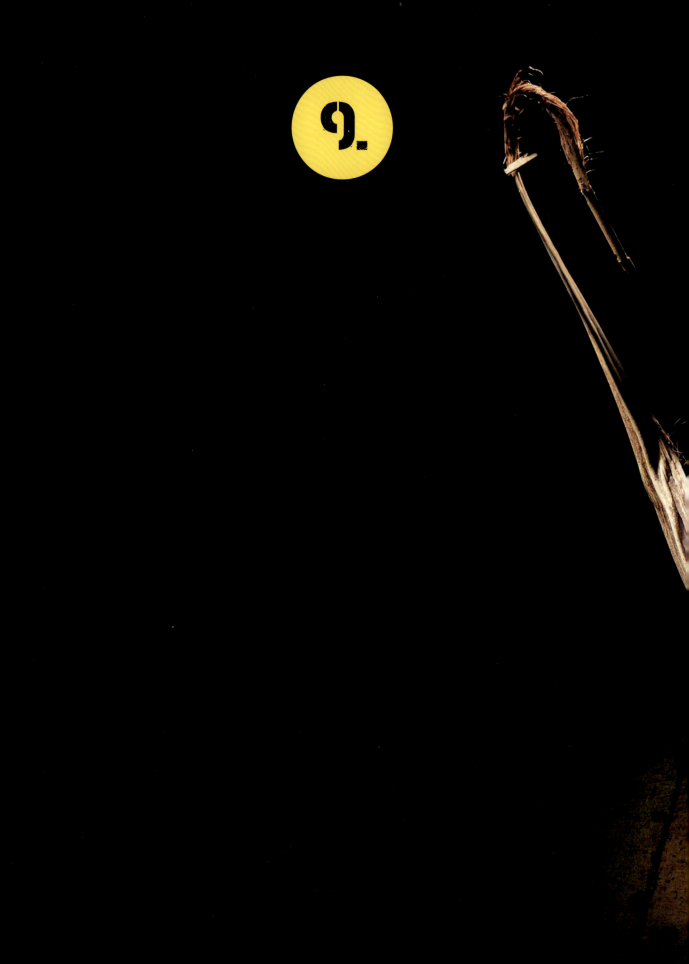

Filhote assado na folha de bananeira com cuscuz de farinha d'água

roto que já era peça-chave no restaurante, para financiar seus estudos de gastronomia no Senac, em Campos do Jordão, no interior de São Paulo. De volta a Belém, diploma em mãos, Thiago tinha sede de implementar as novas técnicas que aprendeu, mas foi contido pelo pai, que lhe deu rédeas porém o advertiu que ninguém inventa algo bom sem antes ter um profundo conhecimento das bases da cozinha. Daí em diante, Thiago passou a estudar, estudar, estudar. Hoje, aos 25 anos, já pode ser considerado um dos chefs brasileiros mais respeitados por suas pesquisas gastronômicas e catalogação de ingredientes locais, inclusive os selvagens, que ele mesmo colhe. Ele também cultiva relacionamentos com pequenos produtores e incentiva os que usam métodos orgânicos.

THIAGO ESTUDA E REVERENCIA O PARÁ

Todo esse conhecimento se reflete na cozinha do Remanso do Bosque, e também no Remanso do Peixe, o segundo restaurante que inaugurou à beira de um parque nacional com seu irmão e braço-direito Felipe, em 2011. Seus pratos são inovadores e ousados, mas baseiam-se, com dois pés firmes, nas tradições paraenses. Provar a cozinha de Thiago é fazer o mais prazeroso passeio sensorial pelo Norte brasileiro, tão rico em frutas, farinhas, ervas e pescados de rio e mar, como o "rei" pirarucu. Evidentemente, seu êxito trouxe inúmeros prêmios, entre eles o de Chef do Ano 2012, discernido pela revista Veja. Em 2013, o Remanso do Bosque foi o único restaurante brasileiro fora do eixo Rio-São Paulo a entrar no prestigioso ranking Os 50 Melhores Restaurantes da América Latina. Há pouco fez um laboratório para acelerar e facilitar suas pesquisas, onde se dedica com afinco a desvendar a miríade de facetas da farinha de mandioca, ingrediente-ícone de sua terra. Thiago já chegou em cinco anos aonde muitos passam uma vida tentando chegar. E quer ainda mais.

RECEITA

Filhote assado na folha de bananeira com cuscuz de farinha d'água

INGREDIENTES

1,5 kg de lombo de filhote limpo e cortado em filé de 150 g (8cm x 5cm x 3cm), 100 ml de suco de limão puro, 500 ml de água, sal a gosto, 100 ml de vinho branco, pimenta-do-reino a gosto, azeite a gosto, 10 unidades de folha de bananeira cortada no tamanho 9cm x 6cm x 4cm

Cuscuz de farinha d'água: 400 g de camarão seco batido, 350 g de farinha d'água de Bragança, 100 ml de leite de coco, 300 ml de água, 50 g de cebola roxa picada, 30 g de coentro picado, suco de 3 limões, 50 ml de azeite, 20 g de chicória picada, sal e pimenta-do-reino a gosto

PREPARO

Coloque os pedaços de peixe em mistura de limão, água e 30 g de sal. Deixe por 5 minutos. Retire da salmoura e lave em água corrente. Tempere o filhote com sal, vinho branco, pimenta-do-reino e azeite e deixe marinar por 20 minutos a frio (1-5°C). Coloque cada pedaço de peixe em um pedaço de folha de bananeira. Coloque na grelha de peixes e leve ao fogo de brasa de carvão com 30 cm de distância do fogo, com a parte da folha, primeiramente, até a folha tostar. Depois vire e deixe o peixe assar do outro lado. Reserve.

Cuscuz de farinha d'água e camarão seco: Lave o camarão seco em água corrente para tirar o excesso de sal e reserve em um bowl. Hidrate a farinha acrescentando o leite de coco misturado com a água, de pouco em pouco, até a farinha virar uma farofa. Junte a cebola, o coentro, o suco de limão, o azeite, a chicória e tempere com sal e pimenta-do-reino. Reserve.

CACAU

O cacau, fruto de árvore nativa de regiões de floresta da América Tropical, já era usado pelos maias e astecas. Com as sementes torradas e moídas, preparavam uma infusão escura e estimulante como o café. Os nativos do lado brasileiro da Floresta Amazônica também usavam o cacau como alimento, mas só comiam a polpa da fruta. Com a chegada dos europeus, bem aos poucos o cacau conquistou o mundo. Mas até vir a ser o "chocolate" que conhecemos hoje, o cacau percorreria um longo e curioso caminho, que incluiria o Brasil, Napoleão, a Família Real, o rico ciclo do cacau no sul da Bahia daqueles tempos, e muita, muita história...

Desde o tempo dos astecas o cacau era valioso: tanto que o utilizavam como moeda. Por longo período, a infusão da semente torrada do cacau era bebida reservada às nobres cortes da Europa. Em 1828, foi patenteada uma prensa que extraía dois terços da gordura das sementes (a manteiga de cacau), e o pó que resultava do processo, o pó de cacau, passou a ser usado para fazer bebidas (como o chocolate quente). Pouco depois, descobriu-se que a gordura extraída, quando misturada às sementes pulverizadas, podia ser moldada e tornava-se sólida ao esfriar. Assim nasceram as primeiras barras de chocolate amargo. Os suíços foram os primeiros a adicionarem à formula leite em pó, para fazer chocolate ao leite.

No auge da era cacaueira, a Bahia era a maior produtora mundial. No entanto, como eram árvores muito sensíveis, os cacaueiros baianos foram dizimados, nos anos 30, por praga devastadora que pôs fim aos tempos dourados, tão bem descritos nos livros de Jorge Amado. Recuperada, embora não completamente, a Bahia segue sendo hoje importante fonte de cacau, mas quase toda produção é exportada.

Na América Central, o cacau e seus derivados aparecem em muitas receitas salgadas, como os famosos molhos de Oaxaca, os moles. No resto do mundo, usa-se o pó de cacau e o chocolate em barra principalmente para fazer doces. Além disso, graças ao trabalho de chefs vanguardistas e estudiosos, a polpa do cacau vem começando a surgir em pratos de restaurantes finos, como o 41o dos famosos irmãos Ferran e Albert Adrià, em Barcelona.

Hoje, graças a esforços de empresas baianas como a AMMA, empenhadas em valorizar o que é nosso, o Brasil vem redescobrindo seu próprio cacau. Finalmente, produzem-se na Bahia barras de chocolate de primeira qualidade, em quantidades cada vez maiores. Estamos vendo surgir uma segunda era áurea do cacau baiano.

TEREZA PAIM

Andei um bocado para poder chegar aos 40 e dizer: "agora eu vou ser cozinheira", diz Tereza Paim. Essa fortaleza de mulher hoje tem dois popularíssimos restaurantes na Bahia – o Terreiro Bahia, na Praia do Forte, e o Casa de Tereza, em Salvador. E tem um bufê que faz eventos enormes. Mas na adolescência teve que estudar outra coisa para se sustentar. "Quem é que investia dinheiro para filha ser cozinheira naquela época? Ninguém!", diz ela.

Formou-se em computação, estudou engenharia da qualidade nos Estados Unidos. Fez carreira. Só quando engravidou do filho, já aos 40 anos,

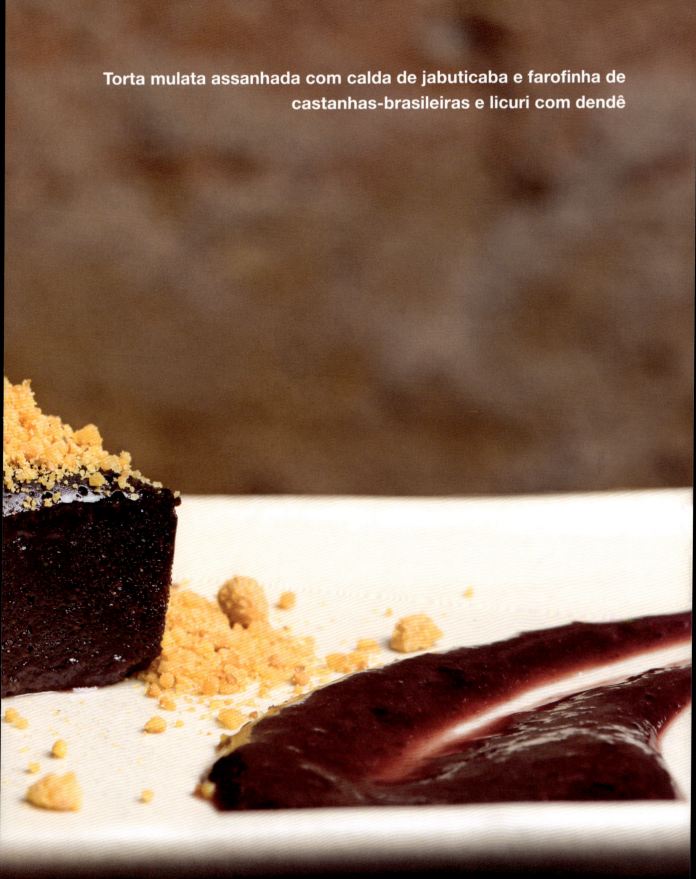

Torta mulata assanhada com calda de jabuticaba e farofinha de castanhas-brasileiras e licuri com dendê

deixou o emprego na Telefonica e resolveu dedicar-se à sua paixão: a cozinha. Foi estudar com o grande chef francês Laurent Suadeau em São Paulo, passou tempo em Portugal e na Espanha estagiando em cozinhas. De volta à Bahia, compensou o atraso com o entusiasmo e a energia que lhe são característicos. Abriu um bufê (que existe até hoje) e, em seguida, o restaurante na Praia do Forte. O sucesso veio de imediato.

Tereza nasceu no sertão baiano, em um lugar aonde a eletricidade só chegou quando ela tinha cinco anos. Aos treze, foi do povoado chamado Tanquinho a Salvador para estudar. Mas, mesmo se hoje se tornou cidadã da cidade grande, mantém forte vínculo com o sertão. Do Recôncavo, traz frutas que transforma em geleias e molhos. Montou uma vendinha anexa ao restaurante de Salvador, onde orgulhosamente expõe os produtos artesanais de vários de seus fornecedores. Ela conhece quem cria, mata e defuma os porcos que entram em sua cozinha. Assim como tem o próprio "pimenteiro" e "farinheiro", que entregam a mercadoria pessoalmente.

TEREZA, A CARA DA BAHIA, É COLORIDA, GENEROSA E VIVAZ COMO A COMIDA QUE FAZ

Tereza tem um pé muito bem fincado na sua terra – ela serve todos os pratos típicos que o turista espera encontrar na Bahia, às vezes com toques muito pessoais – e outro na cozinha tradicional francesa. "Faço o mesmo peixe frito que se vende na praia, só que uso a técnica francesa para não deixá-lo ressecar, assim como minhas moquecas têm como base um caldo mais elaborado e concentrado", diz. Sua cozinha é perfeito reflexo dela mesma: vivaz, generosa e colorida.

RECEITA

Torta mulata assanhada com calda de jabuticaba e farofinha de castanhas-brasileiras e licuri com dendê

INGREDIENTES

Calda de jabuticaba: 500 g de jabuticaba fresca, 250 g de açúcar cristal, 2 folhas de louro, 2 galhos de tomilho, 1 pimenta doce
Farofinha de castanhas-brasileiras e licuri com dendê: 200 g de açúcar, 50 ml de água filtrada, 50 ml de dendê, 80 g de castanha-de-caju bem torrada e sem sal, 80 g de castanha-do-pará bem torrada, 50 g de licuri torrado e sem sal
Torta mulata assanhada: 250 g de manteiga, 10 ovos, 400 g de açúcar, 100 g de chocolate em pó 70%, 200 g de chocolate AMMA 40%

PREPARO

Calda de jabuticaba: Leve tudo ao fogo, até que as jabuticabas se abram. Separe as cascas e passe a polpa na peneira. Leve as cascas com a calda no liquidificador em alta rotação. Leve à geladeira.
Farofinha de castanhas-brasileiras e licuri com dendê: Leve o açúcar dissolvido com a água no fogo médio até atingir a cor de caramelo claro. Retire do fogo, acrescente o azeite de dendê e em seguida as castanhas e o licuri picados. Misture muito bem. Coloque essa mistura sobre um tapete de silicone e deixe esfriar. Passe pelo processador para obter uma farofa. Reserve em recipiente fechado e em local arejado.
Torta mulata assanhada: Misture bem os ingredientes com um fouet, exceto o chocolate AMMA. Cozinhe-os em fogo bem baixo até soltar da panela. Desligue o fogo e inclua o chocolate AMMA picado, misture bem e coloque nas forminhas com manteiga e açúcar em banho-maria, pra assar.

ALBERTO LANDGRAF

CASTANHA-DO-PARÁ

CASTANHA-DO-PARÁ

A castanha-do-pará, hoje mais conhecida – especialmente no exterior – como castanha do Brasil, é a semente de um fruto amadeirado e esférico parecido com um coco seco, que dá na copa de árvores gigantes amazônicas (chegam a ter 50 metros de altura!), de tronco praticamente inescalável. Essa castanha – cada "coco" contém uma a duas dúzias dela – está entre as mais valorizadas e apreciadas no mundo, seja para ser comida crua, com sal, seja na confeitaria. É praticamente uma bomba calórica e ultrassaudável, contendo 65% de gordura e 20% de proteína, além de fósforo, potássio, vitamina B, ferro, cálcio e zinco. É rica ainda em selênio, potente antioxidante.

O Brasil é o maior produtor da castanha-do-pará, até porque a árvore não se adapta bem ao cultivo ou a outro habitat. Até hoje se colhem mais castanhas selvagens do que de árvores plantadas pelo homem. O método é rudimentar: espera-se o fruto amadurecer e cair – com cuidado e vestindo chapéu de madeira, porque pode matar. Depois de aberto com machadinha, os "gomos" são retirados e lavados (os que boiam são considerados ruins e descartados).

Coando-se o líquido obtido da castanha crua, ralada e misturada com água obtém-se um leite muito nutritivo, hoje muito usado não só por quituteiras do Norte como por reconhecidos chefs do Sudeste, como nosso famoso Alex Atala.

Versatilíssima, de sabor suave, a castanha-do-pará é muito usada em biscoitos, bolos, tortas, granolas, pudins e até paçocas. É menos frequente vê-la em pratos salgados, embora no Norte apareça em arrozes e farofas. Definitivamente, está entre os maiores tesouros naturais deste país. ■

ALBERTO LANDGRAF

Raramente surge em cena um chef que, logo ao abrir seu primeiro restaurante, já demonstra ser grande como poucos. Era evidente, em 2011, quando Alberto Landgraf inaugurou com sócios o Epice, em São Paulo, que não se tratava meramente de mais uma novidade inconsequente, e que o lugar iria longe. Ele tinha apenas 30 anos, mas muita bagagem nas costas, enorme ambição e rigor e conhecimento gastronômico raros em chefs tão jovens. "Quem me dera, na idade dele, ter tido o talento que ele tem", diz Alex Atala.

Filho de mãe japonesa e pai alemão, crescido em Maringá, no Paraná, o garoto aprendeu a cozinhar em Londres, onde começou a carreira no chique hotel Blake's. Enquanto morou lá passou por vários restaurantes, dos quais o melhor foi o restaurante na Royal Hospital Road, a joia da coroa do império do chef Gordon Ramsay, que tem três estrelas Michelin. Esteve também três meses em outro grandíssimo restaurante, do chef Pierre Gagnaire, na França. Depois de pular mais um pouco de galho em galho, voltou a São Paulo para lançar-se em carreira solo.

Sorvete de castanha crua

Alberto preenche os requisitos que fazem um grande chef. Seus conhecimentos são vastos e sua técnica apurada (estagiou em açougue inglês e conhece a fundo a anatomia bovina, por exemplo). Atreve-se a servir o que poucos em São Paulo oferecem, como orelha de porco ou fígado de peixe-sapo. Observa e estuda o que se passa além-fronteiras, investindo economias em viagens de aprendizado (em 2012 estagiou em um dos melhores restaurantes do mundo, o NOMA, em Copenhague). Busca destilar um estilo próprio sem se importar com modismos. Rege sua cozinha com mão forte. Serve comida excelente pagando o que cobram os melhores fornecedores antes de preocupar-se com o lucro (e vem usando, cada vez mais, ingredientes nativos brasileiros). Não delega tarefas como as duas idas semanais à feira de orgânicos: faz questão de permanecer próximo aos ingredientes que traz para sua cozinha.

ALBERTO ATREVE-SE A SERVIR O DESCONHECIDO

Alberto influencia chefs e clientes ao dar tratamento de alta cozinha a ingredientes antes vistos como pobres, e ao manter-se fiel a uma filosofia e uma ética sem curvar-se às pressões do mercado e da fogueira de vaidades. Contribui com projetos sem fins lucrativos que fazem avançar a gastronomia brasileira, como a ONG Gastromotiva e a marca de produtos sustentáveis Retratos do Gosto, para a qual criou vinagres artesanais. Em 2013 o Epice foi eleito o melhor restaurante contemporâneo da cidade pela revista Veja São Paulo e o jornal Folha de São Paulo o coroou chef do ano. Nada mal para um rapaz de 34 anos cujo restaurante completou há pouco seu terceiro aniversário.

RECEITA

Sorvete de castanha crua

INGREDIENTES
600 g de castanha-do-pará crua, 600 g de água,
600 g de leite de castanhas-do-pará, 90 g de glicose, 95 g açúcar,
30 g de maltodextrina, 15 g de sal

PREPARO
Ferva as castanhas em água abundante e escorra. Repita
o processo quatro vezes. Em uma panela, aqueça todos os
ingredientes com exceção da castanha, até que a glucose se dissolva.
Adicione a castanha e bata na Thermomix em velocidade máxima,
na temperatura de 60º C, por 7 minutos. Resfrie em banho-maria gelado.
Passe pela máquina de sorvete e mantenha no congelador até o uso.
Sirva com castanhas torradas laminadas.

ANA LUIZA TRAJANO

QUEIJO DA SERRA DA CANASTRA

12.

QUEIJO DA SERRA DA CANASTRA

Estranhamente, o Brasil, país com vacas espalhadas por milhões de hectares de pastos, não tem a tradição de produzir excelentes manteigas, iogurtes ou queijos, com honrosas exceções. Entre as exceções está o mais reputado queijo do Brasil, o queijo canastra, que em 2008 recebeu do IPHAN o título de Patrimônio Cultural Imaterial Brasileiro.

O canastra é produzido artesanalmente em Minas Gerais, na serra que lhe empresta o nome, e em seu entorno. Ao leite acrescenta-se o coalho e o chamado "pingo" – um pouco do soro do leite do lote anterior. Depois de talhada, a massa é cortada e prensada em moldes forrados de pano muito fino, e salgada. Depois de escorrido o soro, o queijo é transferido para prateleiras bem arejadas para secar e maturar.

Cada fazendeiro ou cooperativa tem sua variante, mas o canastra, por definição, é um queijo amarelo e cilíndrico de casca dura, com cerca de 6 centímetros de altura e 16 de diâmetro. Pode ter pequenos furos e sua massa é firme ou semifirme. Sua maturação, que vai de seis dias a alguns meses, define não só a consistência (ele vai endurecendo com o tempo) como também seu sabor, que vai ficando mais pronunciado, adquirindo notas amargas.

Como é o caso de todo queijo de alta qualidade, a melhor maneira de comer o canastra é in natura, à temperatura ambiente (18 a 23 graus), ou acompanhado de pão e/ou algum doce de fruta como goiabada ou marmelada. Em seu estado de origem, principalmente, o canastra também é usado em receitas doces e salgadas, sendo que as melhores são aquelas que permitem que o queijo seja o protagonista, como os pães de queijo.

Um dos tesouros de nossa cultura gastronômica, o canastra ainda é muito pouco consumido fora de Minas Gerais e São Paulo, porque uma lei obsoleta proibia, até 2013, sua comercialização em larga escala (por ser feito de leite cru, e não pasteurizado). Uma nova norma permite que os cerca de 10 mil produtores vendam seus queijos no Brasil inteiro, desde que tenham um selo do Instituto Mineiro Agropecuário. Aos poucos, o canastra felizmente vai deixando de ser um privilégio para poucos. ■

ANA LUIZA TRAJANO

Brasil a Gosto, que Ana Luiza Trajano inaugurou oito anos atrás em uma ruazinha tranquila dos Jardins, é bem mais do que um restaurante. É fruto de uma longa expedição que fez por 20 estados do Brasil em 2003, em que pesquisou e catalogou ingredientes e receitas e investigou tradições típicas das diferentes regiões. O Brasil a Gosto, inaugurado em 2006, com o lançamento, simultaneamente, de um livro homônimo, é o palco construído por ela para apresentar e homenagear todos os sabores e produtos descobertos na viagem. O restaurante logo foi reconhecido pela imprensa especializada, ganhando uma série de prêmios, entre os quais o de melhor restaurante de culinária brasileira pela revista Veja São Paulo, quatro vezes.

O que move essa neta de avós cearense e mineira criada em Franca, interior paulista? "Tirar a cozinha brasileira das coxias e levá-la para grandes mesas, grandes pessoas". Uma de suas vitórias, nesse sentido, foi ajudar em um projeto de exportação dos peixes dos rios da Amazônia, hoje à venda em mercados de luxo como o Whole Foods americano, especializado em alimentos orgânicos.

Estudiosa irrequieta, Ana Luiza dedica sua carreira a valorizar a gastronomia brasileira, principalmente através da difusão do conhecimento. Desde 2013

Mix de pastéis

é ela quem faz a curadoria, por exemplo, da pós-graduação em gastronomia brasileira do Senac, respeitada instituição. No mesmo ano lançou seu segundo livro: Cardápios do Brasil. Bem mais do que uma coleção de receitas, inclui rico glossário descrevendo e ilustrando 167 produtos brasileiros. O livro dedica um capítulo a cada um dos 27 menus temáticos que serviu, sucessivamente, no Brasil a Gosto, cada qual homenageando um estado ou um tema, como exemplo os Yawanawás, índios caçadores cuja aldeia, no Acre, ela visitou em 2013. Nele aparecem também figuras-chave de sua infância, que a ensinaram a tomar gosto pela cozinha, como sua avó Zuleide e sua tia Luiza, ambas cozinheiras de mão cheia.

Seu mais recente projeto levou-a à televisão. É apresentadora do programa Fominha, exibido na GNT, em que aparece provando mil e um lanches e petiscos de porta de estádio e vendidos em torno de campos de várzea pelo Brasil afora. Seu modo de juntar os temas Copa do Mundo e cozinha: ela entrevista torcedores e personalidades, como o ex-jogador Raí, além, é claro, de preparar vários pratos.

ANA LUIZA QUER LEVAR A COZINHA BRASILEIRA DAS COXIAS ÀS GRANDES MESAS

Mas Ana Luiza quer mais. Tem na manga inúmeros projetos que almejam tornar viáveis, economicamente, o trabalho dos tantos produtores artesanais que encontrou por suas viagens. Para ela, em um mundo ideal, todo brasileiro conheceria a fundo sua própria cultura gastronômica e se orgulharia dela. Todo fazendeiro, queijeiro, pescador e agricultor seria remunerado dignamente por seu trabalho. Empenho e vontade não lhe faltam: para Ana Luiza, é uma missão de vida.

RECEITA

Mix de pastéis

INGREDIENTES

400 g de massa de pastel, 180 g de recheio de carne seca, 180 de recheio de pirarucu, 180 g de recheio de queijo canastra, 150 g de vinagrete de tomate, 60 g de molho de pimenta

Recheio de pirarucu: 1 kg de aparas de pirarucu, 10 g de alho, 10 g de sal temperado, Pimenta a gosto, 150 g de batata-doce, 10 g de coentro

Recheio de carne seca: 20 ml de manteiga de garrafa, 5 g de alho, 100 g de cebola, 1 kg de carne seca, 5 g de cebolinha verde, 150 g purê de abóbora

Recheio de queijo canastra: 1 kg de queijo canastra, 10 g de cebolinha verde

MODO DE PREPARO

Recheio de pirarucu: Deixe o pirarucu salgando de um dia para o outro. No dia seguinte, retire o excesso de água e refogue o pirarucu cortado em pequenos pedaços. Uma vez que o peixe estiver desmanchando, acrescente o alho picado, o sal e a pimenta. Adicione o purê de batata-doce já pronto e misture. Por fim, coloque o coentro picado. Recheie os pastéis com o recheio já frio.

Recheio de carne seca: Em uma panela, coloque a manteiga de garrafa, refogue o alho e depois a cebola, acrescente a carne seca e refogue por mais alguns minutos. Por fim, acrescente o purê de abóbora já pronto. Fora do fogo, coloque a cebolinha e espere o recheio esfriar para colocar na massa do pastel.

Recheio de queijo canastra: Rale o queijo e tempere com a cebolinha cortada. Feche os pastéis.

CAJU

Brasileiríssimo e um dos frutos mais belos de nossa flora, o caju já era muito apreciado pelos antigos povos indígenas do Nordeste muito antes da chegada dos portugueses. O cajueiro servia-lhes como espécie de calendário, era a partir de sua floração que os indígenas marcavam os anos.

De coloração amarelo-avermelhada e perfume potente, o caju na verdade não é fruta, mas sim um prolongamento da flor do cajueiro, cujo fruto verdadeiro é a castanha-de-caju que dele pende. Pseudofruto muito suculento, por sinal, rico em vitamina C e ferro, de sabor adstringente. Sua polpa presta-se ao preparo de sucos, mel, doces, passas e rapaduras. O suco, se fermentado, é base para um destilado chamado cauim; quando reduzido em banho-maria, transforma-se na cajuína, bebida não alcóolica muito popular no Piauí.

Tão apreciado foi o caju pelos colonizadores que Maurício de Nassau protegeu os cajueiros por decreto. Fez também propaganda dele, levando-o em forma de compota às melhores mesas da Europa.

Eventualmente, o caju foi levado pelos portugueses para a Ásia e a África e por lá fez carreira gloriosa. Atualmente, os maiores exportadores de castanha-de-caju do mundo são o Vietnã e a Índia.

No Brasil, aprecia-se muito, de Norte a Sul, a castanha-de-caju torrada e salgada. O uso dela ainda verde, em pratos salgados, limita-se ao Nordeste, onde leva o nome de maturi. Já a polpa do caju aos poucos vem ganhando novos usos além dos tradicionais sucos, drinques e compotas. Entra como ingrediente em moquecas (vide a receita a seguir) e virou até protagonista de um sofisticado ceviche servido em um dos melhores restaurantes do país, o Maní, em São Paulo. ■

BETO PIMENTEL

Ainda menino, Beto Pimentel já era defensor da biodiversidade e não sabia. Aos sete anos, já tinha sua própria horta. Aprendeu com o pai, que vivia com os bolsos cheios de sementes que ia achando e colecionando para plantar. Depois de formar-se agrônomo em Piracicaba, no interior paulista, voltou a sua Bahia natal e retomou o passatempo favorito: jardinar. Hoje, tem uma horta imensa no interior baiano (mais de 35 mil espécies) e outra menor (6 mil plantas) anexa a seu celebrado restaurante Paraíso Tropical, em Salvador.

Pimentel conhece como ninguém as frutas de seu terroir — araticum, biribiri, bacuri, cajá, cagaita, pupunha, pindoba, sapoti, mangaba e tantas outras — e foi um dos primeiros chefs brasileiros a incorporá-las aos pratos salgados. Espécie de garoto-propaganda de nossa flora, encanta milhares de turistas estrangeiros ao servir moquecas plenas de frutas (até amoras!) e fazer delas as estrelas de seu menu. O espaço mais disputado, sempre, é o pátio ao ar-livre dos fundos, onde se come à sombra de árvores frutíferas.

Carismático, vive soltando frases de efeito. "Quando a alma sussurra ao coração o paladar agradece", diz, ao explicar que sua comida não é feita apenas com bons ingredientes, mas também com amor.

Pimentel já rodou o mundo cantando as glórias da mesa baiana, apresentando-se na China, na África do Sul e no Leste Europeu. Na Itália, chegou a ser citado em 13 publicações num único dia e ganhou a alcunha de Signore del Gusto da associação Slow Food. Sua cozinha é baianíssima, mas ao mesmo tempo autoral e ousada. Ao contrário da maioria, recusa-se a usar óleo de dendê e leite de coco comprados prontos. Espreme seu próprio dendê para tirar-lhe o óleo, faz leite de coco fresquinho e ainda usa a sua água como base de caldos e ensopados, em vez de água. A grelha tem preferência sobre as frituras.

A ALMA SUSSURRA AO CORAÇÃO, O PALADAR AGRADECE

Ele nunca descaracteriza as receitas típicas baianas, apenas as deixa mais leves e saudáveis, usando só ingredientes orgânicos. E frutas. Sempre muitas frutas, seja nos doces, seja nos salgados, resultando em pratos coloridos e chamativos.

Hoje com quase 80 anos, 23 filhos e um sem número de netos, Pimentel é o grande padrinho e defensor da melhor cozinha baiana.

RECEITA

Dandá de camarão

INGREDIENTES

300 g de camarão grande e limpo, 1 colher (sopa) de salsa picada, 3 colheres (sopa) de tomate picado, 1 colher (sopa) de cebola picada, 1/2 colher (café) de gengibre ralado, 2 colheres (sopa) de azeite de oliva extravirgem, 400 ml de leite de coco verde, 5 g de amendoim torrado, 5 g de castanha-de-caju, 15 g de camarão defumado e descascado (camarão seco), 40 g de maturi (castanha-de-caju verde), 300 g de aipim (mandioca) cozido, 1 colher (sopa) de azeite de dendê extravirgem caseiro (não existe a venda, tem que ser feito em casa), sal a gosto

MODO DE PREPARO

Coloque os camarões em uma panela pequena e reserve. Refogue os temperos picados com azeite de oliva. No liquidificador, bata o leite de coco com os temperos refogados, o amendoim, a castanha e os camarões defumados. Coloque os ingredientes batidos sobre os camarões, junte azeite de oliva e sal a gosto. Cozinhe por 3 minutos. Enquanto isso, bata no liquidificador o maturi e o aipim, com a metade do creme (que já foi batido no liquidificador) até ficar homogêneo. Junte com os camarões e finalize com azeite de dendê. Sirva.

TUCUPI

Não há nada que melhor defina a culinária amazônica do que o tucupi, o líquido amarelo-canário (quanto mais amarelo, melhor) herdado dos indígenas e usado como líquido de cozimento ou molho em boa parte dos pratos da região. É um dos mil e um subprodutos que nos dá a mãe mandioca. Obtém-se o tucupi depois de ralar a mandioca (branca ou amarela) e misturá-la na água, deixando a goma (o amido da raiz) decantar. Essa água turva, depois de separada da goma, fermentada de um dia ao outro e fervida com alho, alfavaca, chicória (coentro-do-pasto) e sal, transforma-se no tucupi. No Norte, é vendido barato, geralmente em garrafas PET recicladas. Frágil, viaja mal e geralmente só pode ser encontrado em outras partes do país congelado – e, mesmo assim, com dificuldade.

O tucupi é o elemento principal em ambos os pratos mais famosos e icônicos da Amazônia. O pato no tucupi é a ave assada sem sua gordura e depois cozida no tucupi. O tacacá, servido em Belém e Manaus na rua, por tacacazeiras, é uma cuia com mingau de goma no fundo, caldo fervente de tucupi, camarão seco, jambu e uma colherada de molho temperado. Mas o tacacá é também bem mais do que isso...

Ninguém melhor do que Osvaldo Orico, escritor paraense, para explicar sua importância. Diz ele, em seu livro Cozinha amazônica: "Com seu molho de pimenta, seus camarões e seu jambu, é uma infusão explosiva, capaz de por si só substituir o jantar. Muitos paraenses o tomam arbitrariamente, de manhã ou de tarde, dependendo do momento em que têm a oportunidade de encontrar uma tacacazeira. O horário indicado, porém, é ente as 4 e 5 da tarde, quando o sol arrefece. Na rua ou nas casas, essa é a hora do tacacá. A hora ritual."

O tucupi, tesouro mantido em isolamento por séculos, segue sendo um misterioso desconhecido para a maioria dos brasileiros. Se hoje aparece em alguns dos melhores restaurantes do Sudeste é graças a chefs como Alex Atala, Mara Salles, Bel Coelho e Helena Rizzo, que têm em comum o encantamento pelas tradições amazônicas. ■

HELENA RIZZO

Perto de seu marido Daniel Redondo, parceiríssimo de trabalho no Maní, (recentemente eleito 36º no ranking Os Melhores Restaurantes do Mundo), Helena Rizzo pode até parecer extrovertida. Mas como ele, jamais se exibe, evita falar em público e prefere que a deixem "na sua". A história do romance já é famosa: conheceram-se quando trabalhavam no célebre restaurante El Celler de Can Roca, na Catalunha, atualmente cotado segundo melhor restaurante do mundo. Ele deixou a família e mudou-se de mala e cuia para morar com ela em São Paulo e para abrirem juntos o projeto dos sonhos, o Maní.

Um pouco sonhadora, um pouco artista (anda até brincando de pintar e grafitar), delicada, pequena e bela como boneca, Helena mostrou ao mundo, com muito trabalho e suor, que as aparências enganam. Hoje é a chef brasileira mais reconhecida no exterior, fato consolidado pelo recente prêmio de "Melhor Chef Mulher do Mundo 2014", recebido da Veuve Clicquot. Seu Maní é o restaurante favorito de oito entre dez paulistanos gourmets. Há semanas de espera por uma mesa.

Quando abriram, em 2006, a comida ainda era o que ela mesma chama de "comercial". O sucesso e a casa cheia trouxeram lucro e, com a segurança

Nhoques de mandioquinha e araruta

financeira, veio maior liberdade para arriscar. Nesta fase de ventos muito a favor, Helena já pode servir pratos com ingredientes brasileiros desconhecidos, ou transformar velhos conhecidos como caju e mandioca em algo totalmente novo. Os clientes não só aceitam as novidades como aplaudem, coisa que não seria possível poucos anos atrás.

Por talentosa que seja como cozinheira, o segredo do sucesso de Helena está na dedicação quase monástica ao trabalho. Quase nunca o restaurante funciona sem ela ou o marido tocando a cozinha. "Trabalhamos duro e nos dedicamos muito, acho que por isso estamos ganhando esses prêmios", diz ela. Todos os holofotes estão apontados para eles, baita responsabilidade. Lá fora já se fala do Maní nas altas esferas gastronômicas, e muitos gourmets estrangeiros reservam mesas esperando jantares memoráveis. "Tá na chuva, vai se molhar, não tem jeito", resigna-se ela. "Haja força mental".

O que cada cliente leva ao sair do Maní é um retrato fino, feminino e audaz de um Brasil pouco explorado. Sim, há pratos simples e descomplicadamente gostosos, como a cavaquinha, e o ovo perfeito, um clássico que não pode ser tirado do menu. Mas há também criações que expõem um Brasil nada óbvio, como o mil-folhas de líro do brejo (uma flor comestível) e os nhoques de mandioquinha e araruta em um caldo de tucupi, sobre os quais repousam minifolhas de ervas e um botão de flor de jambu. É comida que dá prazer, mas também faz pensar.

A seu modo, gentilmente e sem alarde – se pudesse, jamais discursaria ou faria palestras –, Helena desbrava caminhos jamais sonhados e faz o ingrediente brasileiro brilhar com um grau de apuro e sofisticação nunca visto antes. É nossa pequena notável.

> "TÁ NA CHUVA, VAI SE MOLHAR", RESIGNA-SE

RECEITA
Nhoques de mandioquinha e araruta

INGREDIENTES

Nhoque: 500 g de mandioquinha descascada, 60 g de creme de leite fresco, 30 ml de azeite de oliva extravirgem, sal, 60 g de fécula de araruta, 100 ml de água mineral. **Dashi:** 2 litros de água mineral, 50 g de kombo, 50 g de katsobushi, 2 litros de tucupi, 30 g de folhas de jambu fresco, *0,2 g de xantana para cada 200ml de dashi (opcional). **Montagem:** 500 ml de tucupi, brotos de cerefólio, brotos de dill, flores de jambu, brotos de rabanete, folhinhas de manjericão, brotos de beterraba, flor de manjericão, sansho em pó

MODO DE PREPARO

Nhoque: Cozinhar a mandioquinha em água e sal, escorrer e passar pelo passador de purê ou peneira. Aquecer o creme de leite, juntar a mandioquinha, azeite e sal e mexer bem até formar um purê. Pesar 500g do purê e acrescentar a araruta bem dissolvida em 100ml de água, levar ao fogo médio numa panela e mexer até engrossar e o purê começar a desgrudar do fundo da panela. Colocar massa numa manga de confeiteiro e antes que esfrie fazer tiras grossas sobre assadeira com água e gelo. Depois de bem frias, cortar as tiras em nhoques de 1,3 cm. **Dashi:** Coloque o tucupi numa panela e deixe-o reduzir um pouco enquanto prepara-se o dashi. Leve a água e a alga kombo a uma panela em fogo brando. Cozinhe por 45 minutos, sem deixar a água ferver. Retire a alga do caldo e acrescente o katsobushi. Infusione por alguns segundos e coe o caldo em um chinoix bem fino. Acrescente o tucupi e o jambu e cozinhe por mais 30 minutos em fogo brando. Coe em um guardanapo de pano limpo e resfrie em banho-maria invertido. Pese o conteúdo e acrescente a xantana, misturando bem. Guarde na geladeira ou congele para uso posterior. **Montagem:** Aqueça o tucupi numa panela e acrescente os nhoques. Leve ao fogo para aquecer novamente sem deixar ferver. Aqueça o dashi e reserve. Retire com uma escumadeira pequena os nhoques do tucupi e coloque-os num prato sopeiro. Adicione, sobre cada nhoque do prato, uma erva ou broto diferentes. Cubra com o dashi e sirva imediatamente. Cada porção rende 8 nhoques.

CUPUAÇU

Cupuaçu é um fruto originário da Amazônia (particularmente do nordeste do Maranhão), parente próximo do cacau. A árvore, conhecida como cupuaçuzeiro, abunda no estado do Amazonas e adjacências. De porte pequeno a médio, é bem adaptada à sombra, dá flores grandes, de cor vermelho-escura. Seu nome científico, Theobroma grandiflorum, não poderia ser mais adequado, pois significa "manjar dos deuses de flor grande".

O imenso fruto, ovoide, castanho e de casca dura, pode ter até 25 centímetros de comprimento e pesar um quilo. Tem, como o cacau, sementes grandes das quais se extrai gordurosa pasta, e polpa branca. No entanto, seu perfume é muito mais forte, chegando a ser, para alguns, enjoativo.

Com a polpa, que é retirada usando tesoura, faz-se todo o tipo de doces, de cremes a caldas para sorvete, de musses a pudins. Existe vinho de cupuaçu (não alcóolico) e também licor. No Norte é muito comum comer bombom de cupuaçu.

O cupuaçu não é para todo bico. A polpa, viscosa, é perfumada não só no aroma como no sabor, também ligeiramente acidulado. Tem personalidade – até quase demais, para certos paladares. É rico em ferro, proteínas, cálcio, fósforo, pectina, fibras, vitaminas C e do complexo B. Estudos científicos comprovaram que as sementes do cupuaçu e sua polpa são benéficas para tratamentos do sistema digestivo, sendo também um potente antioxidante.

O fruto em si raramente aparece em mercados fora da Amazônia, mas sua polpa, congelada, é vendida por todo o Brasil e muito usada para fazer sucos e sobremesas. Começa a ser comercializado e divulgado, também, pouco a pouco, o que se chama de cupulate, confeito feito da semente fermentada do cupuaçu seguindo processo semelhante ao do chocolate (embora muito mais demorado).

MORENA LEITE

 jeito meigo e a aparência de menina enganam: Morena Leite é rápida, multifacetada e energética como um furacão. Essa jovem chef não para e costuma tocar dez coisas ao mesmo tempo: tem programa de culinária na tevê, dá aulas, escreve livros de receitas, administra seu restaurante brasileirinho Capim Santo, dois outros, instalados em museus, chamados Santinho, e um bufê. O fio condutor é, sempre, a tropicalíssima cozinha de Morena, que se reconhece pela fartura de grãos integrais, frutas, coco, capim santo e... cores.

Brigadeiro de cupuaçu

Essa paulistana tem tempero baiano, pois se mudou ainda bebê para Trancoso, sul da Bahia, onde foi criada pelos pais, donos do restaurante Capim Santo original, que hoje se tornou também pousada de luxo. Do idílio praiano aos 16 anos ela foi sozinha a Paris, formar-se em cozinha e pâtisserie na tradicionalíssima Le Cordon Bleu. Aí não parou mais: seu primeiro grande teste foi como chef do Capim Santo paulistano, aberto pelos pais na Vila Madalena (em 2004 mudou-se para os Jardins).

Morena sempre pensa grande e quer abraçar o mundo: vive cozinhando pelo mundo afora, espalhando seu evangelho tropical. Seu primeiro livro, "Brasil, ritmos e receitas", saiu em inglês, português e francês, com a bandeira nacional estampando a capa. A chef cozinha com a mesma segurança para uma mesa de quatro como para 500 convidados VIPs do Cirque du Soleil, entre tantos clientes de peso. Hoje figura muito conhecida, tem carinho especial pelos jovens menos privilegiados que tentam ingressar na profissão (já montou até uma escola onde ensinava o "beabá" da cozinha em Trancoso, como voluntária). Trata a todos que se aproximam com simpatia, agradecendo os elogios que não se acabam, mas quando menos se espera... VUM! – lá foi ela gravar um programa de tevê ou dar alguma entrevista. A vida é só uma e essa baiana de adoção tem pressa de vivê-la.

A VIDA É UMA E ESSA BAIANA DE ADOÇÃO TEM PRESSA DE VIVÊ-LA

RECEITA

Brigadeiro de cupuaçu

INGREDIENTES
1 lata de leite condensado, 15 ml de azeite de castanha-do-pará, 50 g de cupuaçu, 30 g de chocolate meio amargo picado (AMMA)

PREPARO
Em uma panela, coloque o leite condensado, o azeite de castanha-do-pará, o cupuaçu e leve ao fogo sempre mexendo. Quando começar a soltar do fundo da panela, desligue. Assim que esfriar, junte o chocolate picado e sirva na colher.

ROBERTA SUDBRACK

QUIABO

QUIABO

Dizem os estudiosos do assunto que o quiabo chegou ao Brasil lá por 1650, da África ocidental, junto com escravos. Não se pode dizer que tenha tomado o país de assalto de lá até aqui, porque se trata de um legume do tipo "ame-me ou odeie-me". Cozinhar com o quiabo requer boa mão, porque essa fava verde-escura, com muitas sementes branquinhas e esféricas dentro, se aberta e cortada sem jeito, solta grande quantidade de uma gelatina natural bem viscosa que desagrada a muitos, a famosa "baba". Há que cozinhá-la antes em água fervente com limão ou vinagre por dois minutos, ou, melhor ainda, torrá-la sobre uma chapa bem quente, sempre inteira.

Se o quiabo está longe de ser unanimidade, ele conquistou seu lugar nesta seleção de ingredientes por duas razões. Em primeiro lugar, é peça-chave das culinárias da Bahia e de Minas Gerais. Baianos sequer conceberiam celebrar o dia de Cosme e Damião sem uma travessa de caruru à mesa (quiabo, camarão seco, castanha, gengibre e leite de coco). E não deve haver no mundo restaurante de cozinha mineira sem frango com quiabo no menu.

Em segundo lugar, o quiabo merece lugar de honra por causa da chef Roberta Sudbrack, dona do restaurante homônimo no Rio, que o inseriu no mapa da alta gastronomia. Depois de muito estudar e pesquisar o ingrediente, fez dele ponta-de-lança de seu menu. O prato em que o serve defumado, com camarão e com as sementes fazendo as vezes de "caviar vegetal", talvez seja hoje seu maior clássico.

O quiabo, rico em vitaminas e pobre em calorias, como tudo o que os escravos trouxeram com eles e reproduziram em sua terra de adoção, é um importante elo entre o Brasil e a África. Ao lado do dendê, o quiabo é importante símbolo da miscigenação do branco e do negro, sem o qual nossas culinárias – a baiana, em especial – não seriam o que são. ■

ROBERTA SUDBRACK

"Meu ponto de partida são os ingredientes banais do cotidiano brasileiro", diz Roberta Sudbrack, ao descrever o processo de criação dos impressionantes menus-degustação que serve em seu restaurante homônimo no Rio de Janeiro. Essa chef autodidata, hoje considerada uma das maiores do Brasil, dedicou um ano ao estudo do quiabo e outro a pesquisas com bananas, por exemplo. Os cabelos de uma espiga de milho ou o suco de uma tangerina espremida com os dedos merecem a mesma atenção que um pedaço de ojo de bife ou uma fatia de foie gras.

Sudbrack nasceu em Porto Alegre, mas aos oito anos mudou-se para Brasília, onde foi criada pelos avós, João e Iracema Fontoura. Aos 17 anos, precisava achar modo de ganhar seu sustento e, por isso, lançou-se como cozinheira, muito modestamente, vendendo cachorro-quente na rua, negócio que montou sem experiência, mas com muita vontade. Deu tão certo que ela acabou por decidir cozinhar para os outros como profissão. Disciplinadíssima, aprendeu lendo e observando o que outros aprendem na faculdade de gastronomia. Ficou tão afiada e tornou-se tão admirada que acabou virando a chef do Palácio do Planalto, cozinhando para o presidente da República, à época Fernando Henrique Cardoso, e a primeira-dama, Ruth. A experiência resultou em um livro, "Roberta Sudbrack: uma chef, um palácio".

Em 2005, ela se mudou para o Rio e abriu seu restaurante, que viria a conquistar incontáveis prêmios. Destemida, por vezes polêmica, Sudbrack é contra o uso da alta tecnologia na cozinha, e não faz nada embalado a vácuo ou batido no moderno processador Pacojet. Nas muitas palestras que dá pelo Brasil e pelo mundo, sempre repete o quão importantes são o fogo e as técnicas ancestrais. "Não tenho máquina nenhuma na minha cozinha. Aqui dentro tem gente – mão e mente. Tem que pensar, ter técnica precisa. Quero que meus cozinheiros toquem, sintam, saibam", diz. Essa e várias outras opiniões aparecem em formato divertido em seu novo livro: "Eu sou do camarão ensopadinho com chuchu". O título resume a chef: não há pessoa mais apaixonadamente brasileira (e não só na hora das comidas).

ELA VENDIA CACHORRO-QUENTE NA RUA, SEM EXPERIÊNCIA MAS COM MUITA VONTADE

RECEITA

Quiabo defumado em camarão semicozido

INGREDIENTES

8 filés de quiabos, azeite de oliva extravirgem de baixa acidez,
20 g de sementes de quiabo, 16 camarões grandes extremamente frescos,
sal marinho, açúcar refinado, pimenta-do-reino moída na hora,
2 filés de tomate bem firmes, sem pele e sementes, mistura japonesa
de pimentas secas (tipo shichimi-togarashi), flor de sal

PREPARO

Grelhe os quiabos em frigideira quente ou grelha com um fio de azeite até ficarem ligeiramente chamuscados. Para fazer os filés de quiabo, abra-os ao meio no sentido do comprimento e retire todas as sementes e fibras com cuidado para não danificar as sementes. Mantenha os filés e as sementes gelados. Limpe e retire a casca dos camarões. Branqueie rapidamente em água fervente com sal, apenas por alguns segundos, até mudarem de cor. Mergulhe imediatamente em um banho de água e gelo para interromper o cozimento e manter a textura desejada. Fatie os camarões em lâminas muito finas, no sentido do comprimento, com a ajuda de uma faca afiada ou em uma máquina de cortar frios. Disponha as lâminas bem esticadas em uma folha de papel-manteiga e tempere com sal, açúcar, pimenta-do-reino moída na hora e um fio de azeite. Recheie os filés de quiabo com as lâminas de camarão e mantenha-os refrigerados. Corte os filés de tomate bem gelados em cubos muito pequenos, do tamanho de ovas de salmão. Mantenha bem gelado. Tempere as sementes de quiabo com sal, açúcar e um fio de azeite.
Montagem: Disponha no fundo dos pratos um pouco de ovas de tomate, as sementes de quiabo e a pimenta japonesa. Regue delicadamente com azeite. Corte os quiabos ao meio e acondicione as duas metades em pé no meio do prato. Finalize com um pouco mais de sementes de quiabo e pedrinhas de flor de sal. Sirva bem gelado.

THOMAS TROISGROS

PALMITO PUPUNHA

PALMITO PUPUNHA

Das espécies vegetais da Amazônia – há milhares e milhares – menos de cem puderam ser domesticadas. Entre elas está a pupunheira, palmeira de tronco espinhoso que dá belos frutos laranja e vermelhos e da qual se extrai o palmito de mesmo nome. Acredita-se que essa palmeira tenha se originado no sudoeste da Amazônia, onde o Peru e o Brasil fazem fronteira (seu fruto, no Peru, chama-se pijuayo). Foram os índios peruanos, ainda nos tempos pré-colombianos, os primeiros a cultivá-la, à época mais interessados em aproveitar os frutos – comidos depois de cozidos em água salgada e temperados – e a madeira do que seu palmito.

No lado brasileiro da Amazônia comem-se os frutos da pupunheira (essas pupunhas são vendidas aos cachos nos mercados e feiras de Manaus e Belém) – mas seu palmito também é muito apreciado. Segundo o livro "Frutíferas e plantas úteis na vida amazônica", editado por Patricia Shanley e Gabriel Medina, "As tribos indígenas do alto dos rios Solimões e Negro, no Amazonas, fazem uma festa durante a safra da pupunha. A festa é regada por caissuma e por comidas feitas com os frutos cozidos e farinha. Caissuma é uma bebida fermentada de pupunha e tem aroma de pêssego maduro. Por isso, Alexander Von Humboldt criou os nomes europeus para a pupunha: [...] palmera de melacotón (Espanha) e peach palm (Inglaterra)."

O palmito, cozido e bem temperadinho, serve de recheio para dois dos petiscos mais adorados por brasileiros de todas as regiões (mas principalmente paulistas e cariocas): empadinha e pastel. Tristemente, até os anos 90, esse palmito era geralmente extraído ilegalmente de outras palmeiras brasileiras, principalmente juçara e açaí. Para obter o palmito – que é o miolo, ou meristema apical – da palmeira, é preciso matá-la. O palmito pupunha é sustentável porque hoje é extraído de pupunheiras plantadas em fazendas (menos "espinhudas" que as selvagens), que além de formarem touceiras (dão muitos "filhotes") também crescem com muito mais rapidez do que suas primas não domesticadas e hoje ameaçadas (pouco juçara resta em seu habitat nativo, a Mata Atlântica). O palmito pupunha, portanto, além de fazer bonito à mesa, tem a nobre missão de saciar o mercado, ajudando assim a combater a extração ilegal de babaçus e juçaras.

THOMAS TROISGROS

Thomas Troisgros, na gastronomia, sofre de algo parecido com o que se passa, no mundo do cinema, com Sofia Coppola, que teve que provar seu enorme talento como diretora para conseguir sair da sombra do pai, o grande Francis Ford Coppola. Ele também carrega no ombro o peso do sobrenome, que por um lado impulsiona a carreira e traz fama, mas por outro cria altas expectativas. Seu avô Pierre é figura mítica, está no olimpo da gastronomia

Vieiras grelhadas, carpaccio de palmito, doce de leite e farofa de pupunha

ao lado de Paul Bocuse e Michel Bras. Seu tio Michel assumiu o controle do restaurante da família, em 1983, um três estrelas Michelin. E o pai, Claude, emigrou para o Brasil e fez carreira fulminante no Rio de Janeiro, conquistando incontáveis reconhecimentos por seu restaurante Olympe e virando celebridade desde que passou a fazer televisão.

Apesar da pouca idade e de estar muito longe, por enquanto, de igualar os méritos dos mais velhos, Thomas Troisgros já provou a que veio. Formou-se pelo Culinary Institute of America e passou cinco meses trabalhando no DB Bistro Moderne, do chef e mentor Daniel Boulud, em Nova York. Em 2006 voltou ao Brasil e imediatamente assumiu as rédeas do Olympe, ao lado do pai. Juntos abriram o restaurante de carnes CT Boucherie e a CT Trattorie. Thomas, irrequieto, queria mais. Depois de rodar Nova York comendo hambúrgueres abriu o Reserva T.T. Burger no Arpoador.

APESAR DA POUCA IDADE, JÁ PROVOU A QUE VEIO

Extrovertido e brincalhão, o mais carioca dos Troisgros circula com desenvoltura entre os maiores chefs do mundo. Mas tem seu lado sério. Aplica-se à pesquisa das raízes da cozinha brasileira, procura estabelecer um estilo seu de cozinha, desvinculado ao do pai e, por seus méritos, em 2009 recebeu o prêmio Chef Revelação Revista Veja Rio. Assim como adora ciceronear estrangeiros em grandes almoços em seu restaurante do coração, o Aconchego Carioca, acha tempo para subir o morro para servir boeuf bourgignon abrasileirado na favela Complexo do Alemão e para dar aulas gratuitas a jovens carentes. Ele é a nova cara da gastronomia brasileira.

RECEITA

Vieiras grelhadas, carpaccio de palmito, doce de leite e farofa de pupunha

INGREDIENTES

Pupunha: 8 lâminas finas da base do palmito (30 g), azeite a gosto, farofa de pupunha, 20 g de quinoa, azeite a gosto, 4 colheres (sopa) de farinha de pupunha, 15 g de rapadura

Purê de pupunha com doce de leite: 120 ml de creme de leite, 80 g de doce de leite, 25 g de farinha de pupunha, limão e sal a gosto

Montagem: 8 vieiras, broto de beterraba, pétalas vermelhas de flor comestível ou laranja para decorar, sal e pimenta a gosto, azeite para saltear

PREPARO

Pupunha: Coloque as lâminas do palmito em um pote ou bowl. Cubra as lâminas com azeite e leve o recipiente a uma máquina de embalar a vácuo. Acione o equipamento com a pressão máxima e reserve.

Farofa de pupunha: Cozinhe a quinoa por 10 minutos em água abundante. Deixe escorrer por 10 minutos em uma peneira. Frite no azeite em uma frigideira e escorra em papel absorvente. Misture a quinoa com a farinha de pupunha. Rale a rapadura e misture com a farinha de quinoa e pupunha. Reserve.

Purê de pupunha com doce de leite: Esquente o creme de leite e misture o doce de leite. Diminua o fogo, junte a farinha de pupunha e misture até ficar homogêneo. Tempere com gotas de limão e uma pitada de sal. Reserve.

Montagem: Limpe as vieiras e tempere com sal e pimenta. Aqueça uma frigideira, coloque um fio de azeite e salteie somente de um lado. Disponha duas rodelas de palmito em um prato. Faça uma linha com a farofa, passando apenas sobre uma das rodelas de palmito. Coloque a vieira sobre o outro palmito. Disponha o purê sobre a vieira e espalhe para um dos lados com uma espátula. Decore com o broto de beterraba e as pétalas vermelhas.

HELOÍSA BACELLAR

CARNE-SECA

CARNE-SECA

Desde que o mundo é mundo o homem desidrata e salga carnes, como forma de conservá-las. Para os primeiros caçadores e pastores nômades a desidratação das carnes, seja pelo sol, vento, ou salga (ou os três combinados), evitava sua deterioração e fazia com que durassem mais, permitindo deslocamentos longos.

No Brasil colonial, dos bandeirantes do sudeste aos sertanejos do nordeste também sempre dependeram, durante suas longas expedições, de farnéis repletos de carne-seca, geralmente consumida com farinha de mandioca. "A carne seca para o sertanejo garante vida e coragem", já dizia o antropólogo Câmara Cascudo em seu livro História da alimentação no Brasil. Quando os primeiros gaúchos começaram a criar gado no sul do país – também cavalgavam longas distâncias e passavam dias fora de casa – além de churrasquearem a carne fresca sobre fogos de chão, alimentavam-se de charque, um primo da carne-seca mais salgado e acrescido de conservantes.

Consome-se a carne-seca por quase todo o país – geralmente reidratada e desfiada – mas a tradição é mais forte no Nordeste, onde se tornou um dos pilares da culinária. Os nordestinos também comem muita carne de sol, que é a carne salgada e maturada, mas ainda úmida e vermelha por dentro (da carne de sol faz-se a carne seca, pendurando as mantas de carne em varais sob o sol até desidratarem por completo, tornando-se rijas e escuras).

O prato mais icônico à base de carne-seca é a paçoca, que os primeiros exploradores do Brasil comiam dia sim, dia não – e até hoje é apreciadíssima (especialmente com ovo frito por cima e banana crua para acompanhar). Nada mais é do que carne seca socada em pilão com farinha de mandioca e pimenta malagueta ou juquita. O receituário é riquíssimo: a carne seca aparece muito em bolinhos de botequim e em pratos com jerimum e abóbora, para citar apenas dois entre milhares de exemplos. Embora exista em outras partes do mundo em versões semelhantes, casada com seus pares mais frequentes – farinha de mandioca e pimenta – a carne-seca é coisa muito nossa.

HELOÍSA BACELLAR

uando Heloísa Bacellar diz "minha vida é cozinhar", não é exagero. Quase sempre tirando um bolo cheiroso do forno ou ensinando alguma turma a fazer pães de queijo, Helô parece ter sido posta no mundo para cozinhar coisas gostosas e – ainda mais importante – dividir com os outros essa paixão e seu (vasto) conhecimento. Helô cresceu indo para a fazenda da família em São Luiz do Paraitinga, no interior paulista, sempre que não estava na escola, e passando horas sem fim com as cozinheiras da família. Aos cinco anos, a avó materna a ensinou a descascar abacaxi e fazer maionese. Aos sete, Helô já assava empadinhas. Sonhava em fazer daquilo seu trabalho, mas, na época, uma moça não podia nem cogitar seguir carreira de chef – era visto como trabalho braçal, menor.

Resignada, cursou Direito – mas sem abrir mão do sonho. Já casada e mãe de uma menina, morou um ano em Paris, onde cursou a escola Le Cordon Bleu. Na volta, tornou-se advogada, mas também abriu, com uma sócia, uma escola de cozinha nos Jardins, em São Paulo: o Atelier Gourmand. Tocou duas profissões ao mesmo tempo até poder vender sua parte na escola, deixar o Direito e mergulhar de cabeça em seu primeiro livro, Cozinhando para amigos, lançado em 2008.

Pouco depois, abriu o Lá da Venda, na Vila Madalena, em São Paulo: uma vendinha homenageando aquelas do interior que tanto lhe encantavam

Ensopadinho de carne-seca com banana-da-terra

na infância. Garimpou mil artesanatos charmosos para vender lá, de facas gaúchas a panelas de ferro – tudo brasileiro. Pode-se ainda comprar bolos, tortas e o famoso queijo da Serra da Canastra, em Minas. Nos fundos, fez um pequeno restaurante onde serve comidinha caseira deliciosa e seus hoje muito famosos pães de queijo. Em suma, uma vitrine do melhor que o "Brasil caipira" produz.

Em 2013, fez a curadoria de uma esplêndida exposição de produtos brasileiros no mercado de luxo Bon Marché, em Paris. Além de comandar ateliês ensinando os franceses a fazerem pão de queijo e bolo de fubá, entre outros quitutes, fez com que fossem postos à venda todos os ingredientes necessários para cada receita, de polvilho à castanha-do-pará. Também desenvolveu granolas orgânicas para serem lançadas pela marca Retratos do Gosto, criada por Alex Atala para ajudar pequenos produtores.

Helô ainda achou tempo para ensinar pratos brasileiros a centenas de funcionários de navios escandinavos, entre outros mil projetos. "Não paro mesmo, sempre gostei de trabalhar muito!", diz. Este ano, voltou a Paris para mais aulas – uma, inclusive, no Le Cordon Bleu – e para lançar uma linha de pratos brasileiros prontos que agora são vendidos por lá. Livro, já está no quinto, intitulado Brasil à Mesa. A lista inclui dois lançados na França, mostrando o "beabá" de uma cozinha brasileira não óbvia. "Acho muito legal poder fazer uma coisa bonita pelo país da gente", diz. "De repente estão nos dando bola lá fora, e temos que aproveitar o momento".

> QUANDO HELOÍSA BACELLAR DIZ: "MINHA VIDA É COZINHAR". NÃO É EXAGERO.

RECEITA

Ensopadinho de carne-seca com banana-da-terra

INGREDIENTES

1/3 de xícara (chá) de manteiga de garrafa, 2 cebolas grandes em fatias finas, 1 dente de alho picado, 1 kg de carne-seca dessalgada e cozida, bem limpa e separada em lascas, 2 bananas-da-terra maduras em rodelas de aproximadamente 2 cm, 2 colheres (sopa) de melaço de cana, sal, 200 ml de leite de coco, 2 colheres (sopa) de coentro picado, 2 colheres (sopa) de salsa picada, 1 pimenta-dedo-de-moça sem as sementes, picada, ou a gosto

MODO DE PREPARO

Numa panela média, aqueça a manteiga e doure ligeiramente a cebola. Junte o alho, espere perfumar e misture a carne seca. Adicione a banana, o melaço e um pouco de sal e misture para envolver tudo. Deixe dourar um pouco, então acrescente o leite de coco, abaixe o fogo e cozinhe por uns 10 minutos, até o molhinho encorpar e cobrir o dorso da colher. Ajuste o sal, acrescente o coentro, a salsa e a pimenta e sirva com arroz branco e farofa.

CACHAÇA

Desde que a brasilidade entrou na moda, beber cachaça (aguardente de cana) deixou de ser visto como "jeca". Mas por séculos nosso destilado nacional sofreu boa dose de preconceito, apelidado de nomes pejorativos e excluído de bares e restaurantes finos. Inicialmente era bebida de escravos dos engenhos, mais tarde, das classes mais populares. Importante cultural e economicamente desde o ciclo canavieiro da colonização, a versátil cachaça é hoje produzida em quase todo o território nacional, sendo a segunda bebida alcoólica mais consumida pelos brasileiros depois da cerveja.

Com cachaça, ou pinga, e mais limões pilados, açúcar e gelo, prepara-se o mais famoso drinque brasileiro: a caipirinha. Chamam-se assim também as variações feitas com outras frutas em vez do limão. Infelizmente, por mais que cantemos as glórias de nosso drinque nacional quando temos visita de fora, a versão "bastarda", feita com vodca, faz mais sucesso em capitais como Rio e São Paulo. Já no exterior, olhos de estrangeiros brilham ao falar da caipirinha: virou coquetel da moda nas capitais cosmopolitas, facilmente encontrada em menus de bares bacanas ao lado de outros clássicos como mojito ou negroni.

Há cachaças de todos os tons – do transparente ao acajú –, estilos e graus de qualidade, mas, grosso modo, elas dividem-se em duas categorias principais: artesanal ou industrial. A cachaça artesanal é fermentada naturalmente, em alambique, o que leva muito mais tempo, mas dá resultado mais apurado. Já a industrial é produzida em grande volume, às vezes com acréscimo de açúcar, e são destiladas em massa em tanques de inox, num processo chamado coluna de destilação. A maioria das melhores cachaças brasileiras – todas artesanais, claro – é feita nos arredores de Salinas, em Minas Gerais, ou Paraty, no estado do Rio de Janeiro.

A cachaça não só anda muito bem vista no universo etílico como vem aparecendo em menus-degustação, de mil maneiras. Há até releituras comestíveis (!) da caipirinha. O chef espanhol José Andrés a congela em nitrogênio líquido, como se fosse um sorbet, enquanto o português José Avillez transforma-a em uma esfera verde escura e serve como tira-gosto. Sorvetes, flambados, macarons: tantos quitutes mais hoje também pegam emprestado o sabor de cachaça ou caipirinha. Tanto melhor.

IVO FARIA

"A comida mineira nada mais é do que comida de quintal", diz Ivo Faria, nascido em Belo Horizonte e criado em uma casa com horta, pomar, chiqueiro e galinheiro. "Isso quer dizer que praticamente tudo o que se come vem do que há em torno da casa". Durante sua infância, quem mandava no forno e no fogão era a mãe, ele apenas assistia. Aos 14, ela o mandou para o Senac de Belo Horizonte, para "não ficar à toa na rua", e foi ali que ele aprendeu a cozinhar. Teve um professor francês, chef com passagens pelo Copacabana Palace e pela cozinha do presidente Juscelino Kubitschek, que muito o influenciou. De lá foi estudar na Suíça. "Minha base sempre foi muito francesa".

Quando voltou, o tino para os negócios o alertou: "abra um restaurante italiano, a gastronomia francesa está em baixa". Foi assim que surgiu, em

Guisado de linguiça mineira estufado em caipirinha com ovos poché e creme de queijo São Roque

1995, o Vecchio Sogno, aberto com um sócio nascido na Itália. Prêmios vieram, e continuam vindo. Recentemente, abriu um segundo restaurante, o La Palma, servindo pizzas e petiscos. Ambos seus restaurantes de sotaque estrangeiro vão muito bem, obrigado, mas a mineirice jamais saiu de Ivo: nas muitas aulas e palestras que deu ao longo dos anos sempre deu ênfase a sua cozinha autoral, de seu quintal.

O rapaz que se matriculou no Senac de Belo Horizonte aos 14 anos – e aos 17 já dava aulas – é mineiro até o último fio de cabelo, pouco importa que seu restaurante seja, teoricamente, italiano. Dá inúmeras aulas e palestras pelo Brasil e pelo mundo. Recentemente, cozinhou para algumas centenas de gourmets em Mougins, sul da França. "Levei na mala jiló, linguiça, torresmo e umbigo de bananeira". Se você não sabe o que é o tal umbigo de bananeira, quer dizer que não veio da roça, como Ivo: "é aquele palmito que dá no miolo da bananeira, minha mãe usava muito, depois foi esquecido", diz.

SÓ QUEM VEIO DA ROÇA, COMO IVO, CONHECE UMBIGO DE BANANEIRA

Hoje Ivo leva um pouquinho dessa roça mineira para o mundo, dando palestras e aulas de cozinha. Faz cozinha de autor, e tenta incorporar a ela ingredientes muito pouco desconhecidos, como maria gondó (folha de quintal muito pouco conhecida), panaceia e pimenta de macaco. Sempre com modéstia e aquele jeitinho mineiro de quem não quer nada – mas na verdade quer subir no foguete que se tornou o movimento da nova cozinha brasileira.

RECEITA

Guisado de linguiça mineira estufado em caipirinha com ovos poché e creme de queijo São Roque

INGREDIENTES

500 g de linguiça mineira, 300 g de jiló descascado, 40 ml de vinagre, 40 ml de azeite, 60 g de cebola picada, 2 caipirinhas de cachaça envelhecida, 350 ml de molho de carne, Sal e açúcar a gosto, Tabasco a gosto, 1/2 maço de salsa, 400 ml de molho à la creme, 150 g de queijo minas São Roque ralado, 250 ml de leite, 30 g de lecitina, 8 ovos, 150 g de farinha de baru (castanha-do-serrado), flores e brotos para decoração, 150 g de carne de sol cozida desfiada e frita para decorar

MODO DE PREPARO

Afervente a linguiça e corte em cubinhos. Coloque o jiló em um bowl e lave com água e vinagre, duas vezes. Em uma panela refogue em azeite a cebola e a linguiça. Refogue alguns minutos, junte o jiló, refogue mais alguns minutos, retire tudo da panela e deglace com a caipirinha. Deixe reduzir para evaporar o álcool, junte o molho de carne e deixe apurar.
Junte a linguiça com o molho e retifique o tempero. Equilibre a acidez com sal e açúcar, junte gotas de Tabasco e salsa. Adicione, ao molho à la creme, parte do queijo São Roque. Reserve. Dissolva a outra metade do queijo ralado em leite aquecido. Adicione a lecitina e bata vigorosamente até formar espuma. Aqueça água com sal e faça ovos pochés.
Montagem: Coloque o guisado de linguiça por baixo e o ovo por cima. Nape com o creme de queijo. Finalize com a farinha de baru. Decore com carne de sol, espuma de leite com lecitina, flores e brotos.

20.

TAPIOCA

No Brasil, quando falamos de tapioca, geralmente nos referimos à panqueca branca muito comum nos cafés da manhã dos estados nordestinos e também vendida na rua por tapioqueiras em carrinhos ambulantes. Feita em frigideira ou chapa, recheada de queijo e/ou ingredientes doces, e servida dobrada na metade, formando uma meia-lua, a tapioca é crocante por fora e tem textura – deliciosa! – de goma em seu interior.

Tapioca é também um dos nomes que damos à farinha alva com a qual se faz essas panquequinhas. Como bem explica Neide Rigo, nutricionista e grande estudiosa da flora brasileira, "goma seca, polvilho doce, amido de mandioca, fécula de mandioca, almidon de tapioca e tapioca starch são todos a mesma coisa. É o carboidrato presente na mandioca (aipim, macaxeira, cassava, yucca) com quase nada aderido a ele – sem glúten, baixíssimo teor de proteína e gordura, altamente calórico (quase como o açúcar, também carboidrato) e que faz maravilhas na cozinha".

A raiz, depois de lavada, descascada e ralada, fica de molho na água. Mexendo essa raiz ralada, ela solta sua fécula (ou amido), tingindo de branco a água. Separa-se a fécula da água por decantação ou centrifugação, até que esteja quase seca e forme minúsculos grânulos. Essa mesma fécula, quando seca e granulada em pequenas esferas, vira sagu, que pode ter diversos sabores conforme o líquido em que for cozido (como suco de uva, por exemplo).

Por ser, essencialmente, um amido, a goma tapioca, quando aquecida (em frigideira ou chapa), aglutina-se, os grânulos da farinha juntando-se uns aos outros e formando uma panqueca crocante e pliável ao mesmo tempo. Os mesmos discos brancos, se levados ao forno, viram beiju (embora beiju refira-se também a vários outros preparos indígenas). A mandioca e todos os seus derivados foram desde sempre e continuam sendo a principal fonte de alimentação dos índios brasileiros no Norte. Que ela – e a tapioca mais ainda – tenham se tornado tão tipicamente nordestinas é consequência da grande mistura de que é feita nossa brasilidade.

RODRIGO OLIVEIRA

Pergunte a Massimo Bottura, cuja Osteria Francescana, em Modena, na Itália, está no terceiro lugar do ranking dos 50 melhores restaurantes do mundo, o que, em São Paulo, ele acha importante mostrar a alguém e ele dirá sem titubear: "Leve-o ao Mocotó, sem falta!". Quem diria, cinco anos atrás, que um dos mais importantes chefs do planeta gastaria seu tempo indo até a pobre Vila Medeiros, Zona Norte de São Paulo, para comer feijão-de-corda e torresmo em ambiente ruidoso e relaxado.

De jovens chefs talentosos e ambiciosos o Brasil está cheio. Mas só Oliveira, 33 anos, reúne cinco qualidades que fizeram dele o atual rock star da gastronomia: visual e carisma de galã de novela, humildade, disciplina, sede de conhecimento e... teimosia sertaneja! Desde que começou a fazer sucesso e a sair em capas de revista, sete anos atrás, ricos empresários pedem para financiar um projeto dele nos Jardins ou no Itaim. Ele sempre disse não sem hesitar. Orgulhoso da ascensão à custa de muito suor de seu pai, seu Zé Almeida, migrante pobre e fundador do Mocotó, e das raízes pernambucanas que sua família plantou na Vila Medeiros, Oliveira não se vê ganhando a vida em outro canto. Sua resistência ao canto da sereia provou-se acertada.

Dadinho de tapioca com queijo coalho

Hoje, por ter conseguido transformar um modesto restaurante de comida nordestina em um dos pontos mais buscados por peregrinos gastronômicos do Brasil e de fora, virou ídolo de uma nova geração de cozinheiros. O tipo de comida é o mesmo que já fazia o pai: clássicos sertanejos como baião-de-dois e mocotó. O que mudou desde que assumiu o timão? Técnica mais apurada, receitas aligeiradas, ingredientes de melhor qualidade e maior rigor na execução. "A gente curte cada prêmio e cada capa de revista, mas sabe que é só um round da luta", diz. "A gente comemora, das portas para dentro, aí abaixa a cabeça e volta ao trabalho. O verdadeiro troféu quem dá é o cara que volta ou indica o Mocotó a um amigo".

Em 2013, Oliveira inaugurou o Esquina Mocotó, um restaurante mais moderno e mais ambicioso, gastronomicamente, logo ao lado do Mocotó. A inspiração continua sendo o Nordeste, mas o menu alça voos mais altos, abre o leque o bastante para incluir pratos como um "porcobúrguer" ou gnocchi de jerimum e carne seca. Também achou tempo para fundar, ao lado do sociólogo Carlos Alberto Dória, o C5 – Centro de Cultura Culinária Câmara Cascudo – uma ONG dedicada a congregar esforços para melhor se conhecer e difundir a culinária brasileira.

O PAI, COM MUITO SUOR, CONSTRUIU O MOCOTÓ. ELE ORGULHA-SE.

Requisitadíssimo não só pela mídia, mas por organizadores de importantes fóruns gastronômicos mundo afora, publicitários e gente querendo pagar por sua consultoria, Oliveira diz não à maioria. "Se eu aceitasse a metade dos convites que recebo passaria mais tempo fora do que no restaurante. Não vou me vender nem abrir mão do prazer de estar na minha cozinha e perto da minha família", diz. O lugar dele é na Vila Medeiros, e de lá ele faz propagar pelo mundo uma imagem renovada e deliciosa da cozinha do Nordeste brasileiro.

RECEITA

Dadinho de tapioca com queijo coalho

INGREDIENTES
250g de queijo coalho, 250 g de tapioca granulada,
500 ml de leite quente, 8 g de sal (pode variar de acordo com o sal do queijo), 1 pitada de pimenta-do-reino branca

MODO DE PREPARO
Misture o queijo ralado, a tapioca e junte ao leite bem quente, mexendo sempre para não formar grumos. Acrescente os temperos e continue mexendo até a mistura começar a firmar. Despeje em uma assadeira forrada com plástico (para facilitar o desenformar) e cubra com papel-filme. Deixe resfriar em temperatura ambiente e leve à geladeira por pelo menos 3 horas. Corte em cubos e frite por imersão a 180º C até dourar. Sirva com molho de pimenta (Sweet Chilli Blue Dragon).

21.

FEIJÃO PRETO

    Do brasileiro mais pobre ao mais rico, do gaúcho ao índio manauara, todos comem arroz com feijão, seja ele roxinho (preferido por paulistas) ou preto (ao gosto carioca). Simplesmente não há combinação mais universalmente brasileira. O feijão preto pertence a uma vasta família: feijão é o nome que se dá a todo legume cujas sementes ou favas são comestíveis que não seja lentilha ou ervilha. Feijões já eram consumidos muitos séculos antes de Cristo, e os chineses, durante a dinastia Han (dois séculos A.C.) já faziam sopa de feijão preto.

    Muitas receitas com feijão que acreditamos serem brasileiras na verdade originaram-se em Portugal, a começar pela feijoada (a deles, geralmente feita com feijões brancos). Aqui ela transformou-se na mão das escravas, que a faziam, no Brasil Colônia, com feijões pretos e partes descartadas do porco, como rabo, orelha e pé.

    Além da feijoada, há centenas de receitas emblemáticas à base de feijão preto – especialmente em Minas Gerais – mas nenhuma mais conhecida do que o feijão tropeiro (mistura de feijão, farinha de mandioca, linguiça, ovos, torresmo e temperos). Surgiu, como tantos outros pratos, da necessidade: era algo fácil de se fazer com os ingredientes secos e duradouros que os bandeirantes e tropeiros paulistas levavam nos bolsos das selas em suas longas viagens.

    Há ainda o tutu de feijão (espécie de pirão, com farinha de mandioca), o virado de feijão (substitui a farinha de mandioca pela de milho), o feijão com leite de coco, sopa grossa geralmente servida na Bahia com um fio de dendê, e por aí vai. Mas nenhum chega perto em popularidade do gostosíssimo e nutritivo feijão preto do dia a dia...■

FELIPE BRONZE

Se há nessa nova geração de chefs que hasteiam a bandeira brasileira um showman, ele se chama Felipe Bronze. Tudo nele é grande: o sorriso, a simpatia, a ambição, o entusiasmo, o arrojo de seus pratos. Seu restaurante, Oro, inaugurado em 2011, rapidamente consagrou-se um dos três melhores do Rio de Janeiro. Mas o caminho até aqui foi pedregoso... Felipe surgiu na cena gastronômica nos anos 90 como um meteoro. Pouco depois de assumir a cozinha do Zuka, restaurante no Leblon, a mídia o aclamou como o novo grande talento carioca – o primeiro pico de uma carreira marcada por altos e baixos. Ele saiu para abrir seu próprio restaurante, o Z Contemporâneo – quase imediatamente louvado como o melhor novo ato da cidade. "Ganhei todos os prêmios, e muito rápido", diz. Graves problemas com um sócio fizeram o negócio naufragar. Tentou de novo com o Mix, que também acabou mal. Profundamente desencantado, passou os anos seguintes fazendo consultorias.

A abertura do Oro marcou sua volta à alta cozinha e o início da fase áurea de sua carreira. Felipe arriscou-se ao adotar vapores, géis, encapsulamentos e sorvetes "congelados" à la minute em nitrogênio líquido da cozinha de vanguarda, tão em voga na Espanha. Usar técnicas alheias e ainda pouco conhecidas no Brasil envolve riscos, mas Felipe não só os encara como chegou a apresentar um quadro no programa Fantástico, na Globo, em que desmistificava a ciência por trás de seus pratos. A tecnicalidade, no Oro, não intimida, porque é contrabalançada pela simpatia da equipe, especialmente a sommelière Cecilia, mulher e braço-direito de Felipe.

Em 2013, ele lançou um livro com seu nome, retratando sua tradução muito pessoal da cozinha brasileira. Ali mostra criações como baiãozinho de dois (arroz, feijão, esferas de queijo coalho) e paçoca de carne-seca com castanha-de-baru, verdadeiras cartas de amor a seu país. Se por um lado Felipe levanta a bandeira vanguardista, usando e abusando de equipamentos de alta tecnologia para transformar a textura e a cara de ingredientes, por outro ele vive rendendo homenagem a comidas simples e clássicas cariocas – como o sanduíche de presunto e abacaxi do bar Cervantes, em Copacabana – e de mais além no Brasil. Esse é Felipe: um pé lá fora, e nas modernidades em voga, e outro pé fincado firme e forte no Rio de Janeiro do seu coração, que ele defende e promove por todo lado que vai. ◼

> TUDO NELE É GRANDE, DO ARROJO DE SEUS PRATOS À SIMPATIA

RECEITA

Caldo de feijão

INGREDIENTES

Caldo: 400 g de feijão mulatinho, 100 g de linguiça suína artesanal, 100 g de bacon, 2 cebolas picadas, 8 dentes de alho picados, 2 pimentas dedo-de-moça picadas, sal a gosto
Espuma de couve: 2 maços de couve-manteiga, azeite a gosto, 1 cabeça de alho, 1 litro de leite, 1g de xantana para cada litro

MODO DE PREPARO

Caldo: Cozinhe o feijão da maneira tradicional juntamente com a linguiça, o bacon, a cebola, o alho, a pimenta dedo-de-moça e o sal. Assim que o feijão estiver pronto, processe todo o preparo em um liquidificador, até que se torne um caldo bem uniforme. Reserve.
Espuma de couve: Retire todos os talos da couve e utilize somente as folhas. Refogue a couve no azeite com alho e sal por 1 minuto. Processe toda a couve refogada juntamente com o leite na Thermomix a 60°C por 5 minutos. Passe a mistura por uma peneira e adicione a xantana, processe novamente até que atinja a textura desejada. Encha um sifão de 500 ml e carregue com duas cargas.
Finalização: Em um copo, coloque até a metade de caldo e depois complete com a espuma de couve.

COCO

Coco é o termo genérico para designar o fruto de várias palmeiras. Botânicos discordam sobre a origem da espécie, mas a maioria acredita que o coco mais comum e usado na culinária surgiu no Sudeste Asiático. Uns dizem que ele teria sido trazido ao litoral do Brasil pelas correntes marítimas, pois seu fruto é capaz de flutuar durante muitos dias na água salgada sem afetar o embrião. Mas uma coisa é certa: os portugueses, quando chegaram ao Brasil, plantaram os primeiros pés no litoral baiano, onde as condições de solo e climáticas eram ideais.

Já em 1553 há registros de sua propagação no Recôncavo Baiano. O antropólogo Luiz da Câmara Cascudo conta que os indígenas apenas bebiam a água de seu fruto verde, desconhecendo os demais usos. Foram os escravos africanos que introduziram à que viria a ser conhecida como culinária afro-brasileira o coco em outras formas: a polpa seca e ralada, o leite feito com água fervente vertida sobre o coco ralado, etc.

Os benefícios nutricionais do óleo ou da polpa do coco são extraordinários. A água de coco, então, é um verdadeiro elixir da juventude, muito rica em potássio e minerais. Além de hidratar e eliminar toxinas, é antioxidante e fortalece o sistema imunológico.

O fruto em si não se come: é aquela polpa dura e fibrosa que envolve o grande caroço marrom. Esse caroço, sim, é de onde tiramos a "carne" alva, translúcida e gelatinosa, que a tantos usos se presta, e a água (que vai se tornando mais doce, porém mais escassa conforme o coco amadurece).

Na culinária baiana, é difícil achar algum prato que não contenha coco. Ele é muito usado em pratos salgados típicos, como vatapá, caruru de folha, frigideiras, moquecas e xinxim de galinha. E quem é que não sabe quantos mil doces dá o coco? Só de cocadas, há dezenas, brancas, pretas, carameladas, cocada puxa, de cortar ou de colher... Sem esquecer o quindim, a queijadinha, o manjar branco, o beiju, o cuscuz de tapioca, os bolos que levam aipim, ou milho verde, bolo de tapioca, de massa puba e de farinha de trigo, os mingaus todos, a canjica, a pamonha, o munguzá (doce com milho branco e coco)... enfim, toda essa doçaria brasileira, que jamais seria a mesma sem o coco. ■

WANDERSON MEDEIROS

Picuí, cidadezinha a 235 quilômetros de João Pessoa, no sertão da Paraíba, foi onde nasceu e cresceu Wanderson Medoiros. Seu bisavô vendia carne de sol, ofício que ensinou ao avô e esse, por sua vez, ensinou ao pai. Três gerações de mestres da arte de matar e destrinchar um boi e cortar e salgar carne não poderia ter dado em outra: esta é a especialidade do restaurante que Wanderson tem hoje em Maceió, não por acaso chamado Picuí. Mas quem fez o menino tomar gosto por cozinha ainda pequeno, na verdade, foi sua avó, que o criou. "Nos dias de feira ela transformava a casa em um café, cresci ajudando ela a assar castanhas para fazer pé de moleque e mexendo tacho de doce", diz.

Os pais mudaram-se para Maceió e lá compraram um restaurante – o

Surubim com sururu ao leite de coco e farofa de castanhas e coco

mesmo Picuí – quando Wanderson tinha dez anos. Ali o menino fez escola, lavando pratos e chegando a ser garçom aos... onze anos! Chef, mesmo, só se tornou aos 22, depois de cursar faculdade de Administração de Empresas, quando o pai lhe deu o negócio para tocar. Desde pequenino muito trabalhador, Wanderson não só transformou o Picuí em um dos restaurantes mais reconhecidos do Nordeste – depois de reformá-lo e modernizá-lo – como, no processo, amadureceu seus dotes de chef. Em 2012 a revista Prazeres da Mesa elegeu-o chef-revelação do ano.

MENINO, A AVÓ O FEZ TOMAR GOSTO PELA COZINHA

Ele se orgulha de servir o que batizou de "nova cozinha nordestina": ingredientes regionais, pratos inspirados em clássicos, mas um maior cuidado na apresentação e muito mais precisão e leveza na execução. "Quero quebrar o preconceito, mostrar que a culinária daqui não precisa ser pesada, pelo contrário". Há pouco abriu um segundo negócio na capital alagoana, o W Empório, Café e Bistrô. Ele exibe essa sua cozinha "nordestina nova" em eventos no Brasil e no exterior e também na tevê alagoana, na qual tem um quadro há sete anos em que ensina receitas e recebe convidados.

Do alto de seus 35 anos, já tem a maturidade para dizer que quer cavar tempo para pesquisar seu próprio terroir. "As frutas e os pratos saborosíssimos que temos no Nordeste são uma riqueza incrível, e ainda tenho muito a descobrir", diz. "A cada viagem pelo estado descubro novas receitas e novos produtos, e quero catalogar isso tudo antes que desapareça. Pretendo intensificar as viagens de pesquisa". Esse ainda vai longe...

RECEITA

Surubim com sururu ao leite de coco e farofa de castanhas e coco

INGREDIENTES

Surubim: 400 g de filé de surubim, sal a gosto com moderação, semente de coentro (moída na hora), pimenta-do-reino branca a gosto moída na hora, 20 g de manteiga sem sal, 20 ml de azeite extravirgem, 20 ml de óleo de coco, 30 g de alho-poró, 4 ramos de tomilho, brotos de coentro e beterraba, óleo de urucum, 50 g de sementes de urucum, 250 ml de óleo de coco. **Sururu:** 20 ml de óleo de coco, 30 g de alho picado, 50 g de cebola (em cubinhos), 40 g de pimentão vermelho (em cubinhos), 40 g de pimentão amarelo (em cubinhos), 40 g de pimentão verde (em cubinhos), 250 g sururu (sem casca e bem lavado), 300 ml de leite de coco, 25 g de extrato de tomate, 5 g de sal, 2 pimentas-de-cheiro (picadas), 1 pimenta dedo-de-moça (picada), 50 ml de água de coco natural, 1/2 limão, 5 g de coentro, Tabasco a gosto. **Farofa de castanhas e coco:** 60 g de manteiga sem sal, 100 g de castanha-de-caju picada, 100 g de castanha-do-pará picada, 100 g de coco maduro picado

PREPARO

Surubim: Corte o peixe em quatro porções e tempere com sal, semente de coentro em pó e pimenta branca. Misture a manteiga derretida com o azeite e o óleo de coco. Coloque em um saco o peixe, o alho-poró, o tomilho e os óleos e gele por 6 horas. Retire do saco, doure em uma frigideira antiaderente e pincele com o óleo de urucum. Reserve. **Óleo de urucum:** Coloque as sementes de urucum e o óleo de coco (a 55°C) no liquidificador e processe em velocidade máxima por 3 minutos. Coe. **Sururu:** Refogue em óleo de coco quente o alho e a cebola sem deixar dourar. Adicione os pimentões. Quando murcharem, acrescente o sururu e misture bem. Adicione o leite de coco, o extrato de tomate e o sal e cozinhe 7 minutos. Finalize com as pimentas, a água de coco, o suco do limão, o coentro e a Tabasco. Acerte o sal. **Farofa de castanhas e coco:** Aqueça bem a manteiga e doure os ingredientes. **Montagem:** No centro do prato coloque o sururu e por cima o filé de surubim, disponha ao lado a farofa de castanhas e finalize com os brotos de coentro e beterraba.

QUEM FOI AO PARÁ, PAROU. TOMOU AÇAÍ, FICOU.

Não é a chuva da tarde que deixa a cidade sem sede
É aquele vinho grosso que sai da mão
das amassadeiras nas peneiras

Não é a carne que mata a fome das pessoas (...)
É a paca saindo do mato pra entrar no caldo do tucupi.

Então, satisfeito, feliz,
Compreendo, Mani,
Por que desenterraram teu corpo branco de filha do cacique
(que tinha virado raiz)

e fizeram com ele um bruto piquenique,
regado a aluá, a liamba, mororó e caxiri.

E, depois, sacudiram as árvores,
Pra fazer cair em nossa boca uma chuva
      de ginjas e pitangas
e colorir com elas o beiço roxo das caboclas.

E, por falar em pitangas,
Porque que não cai de novo, sobre mim, uma chuva de mangas?

Por aquela ardilosa e travessa
Pimentinha-de-cheiro,
Que me sobe da língua até a cabeça
E não me sai do travesseiro.

Pela memória gustativa, coreográfica e viva,
De um molho de cação adesivo e excitante,
o olfato encurta a um palmo as léguas do caminho
e traz-me ao paladar minha terra distante

Osvaldo Orico, poeta e romancista paraense

Editora Gaia Ltda.
(pertence ao grupo Global Editora e Distribuidora Ltda.)
Rua Pirapitingui, 111-A - Liberdade | CEP: 01508-020 |
São Paulo | SP | Brasil | Tel. (11) 3277-7999 |
www.editoragaia.com.br - gaia@editoragaia.com.br

EDITORA
BOCCATO

Rua Italianos, 845 • Bom Retiro • CEP: 01131-000
São Paulo • SP tel.: (11) 3846-5141 • (11) 3846-5141
www.boccato.com.br / www.cooklovers.com.br
contato@boccato.com.br